Astrid Hassler
Hassler, Ausbildungssupervision

**Ausbildungssupervision
und Lehrsupervision**

Barbara
Ziegler

: Haupt

■ Astrid Hassler

Ausbildungssupervision und Lehrsupervision

■ Ein Leitfaden fürs Lehren und Lernen

Haupt Verlag
Bern · Stuttgart · Wien

Astrid Hassler, MAS MSc in Quality Management

ist Geschäftsführerin des Instituts für Lehrsupervision und
Ausbildungssupervision ilea gmbh in St.Gallen. Seit 1991
ist sie tätig als Organisationsberaterin, Supervisorin und Coach
BSO. Sie ist Trainerin in Ausbildungen für Organisationsentwicklung, Supervision und Coaching und Aussendozentin an
der FHS St.Gallen, Hochschule für Angewandte Wissenschaften.

Institut für Lehrsupervision und Ausbildungssupervision ilea gmbh
St.Gallen, Schweiz

www.lehrsupervision.ch

1. Auflage 2011

Bibliografische Information der **Deutschen Nationalbibliothek**
Die Deutsche Nationalbibliothek verzeichnet diese Publikation in der Deutschen
Nationalbibliografie; detaillierte bibliografische Daten sind im Internet über
http://dnb.d-nb.de abrufbar.

ISBN 978-3-258-07645-4

It's simple
but not easy.

Inhaltsverzeichnis

Vorwort

Seit vielen Jahren arbeite ich als Lehr- und Ausbildungssupervisorin. In dieser lehrenden Tätigkeit beschäftigte mich immer wieder die Frage, wie sich Lehr- und Ausbildungssupervision auf höchstem Niveau praktizieren lässt. Aus dieser Auseinandersetzung, meiner praktischen Tätigkeit, den intensiven Recherchen, Fallstudien und Gesprächen entstand die Idee, meine Erkenntnisse und mein Fachwissen in Buchform vorzulegen. Damit möchte ich einen Beitrag zu einer guten Ausbildung in Supervision, Organisationsentwicklung und Coaching leisten, damit Auszubildende, die diese Fachrichtung wählen, auf professionell fundiertes Rüstzeug für ihre zukünftige Berufstätigkeit zurückgreifen können.

Mit Hilfe zahlreicher Theorien und Methoden verschiedener Fachgebiete erstellte ich ein Handlungskonzept für die Lehr- und Ausbildungssupervision, das im Austausch mit anderen Fachpersonen konkretisiert und vertieft wurde und sich zu einem Modell für Lehr- und Ausbildungssupervision entwickelte: dem LE-A-S Modell ®. Dieses Modell hat sich in der Praxis bewährt, indem es das Handeln in der Lehr- und Ausbildungssupervision beschreibbar, planbar, wiederholbar, überprüfbar und dadurch für andere Fachpersonen reproduzierbar macht.

Der beständige Diskurs mit Fachpersonen über die Lehr- und Ausbildungssupervision führte zur Gründung des Instituts für Lehr- und Ausbildungssupervision ilea gmbh. Das Institut bietet eine Plattform für den Austausch zwischen Fachpersonen und Ausbildungsinstituten mit dem Ziel, den praktischen Teil der beraterischen Ausbildungen weiter zu entwickeln.

Die meisten Anregungen für das LE-A-S Modell ® und dieses Buch bekam ich im beruflichen Alltag meiner Lehr- und Ausbildungssupervisionen durch Reflektieren und gemeinsames Lernen. Darum gilt mein besonderer Dank den vielen Personen, die sich in unzähligen Stunden auf das Lernen eingelassen und mich durch ihr eigenes Denken und Handeln in der Entwicklung des Handlungskonzeptes inspiriert haben. Ebenso danke ich meinen Freundinnen und Freunden, Kolleginnen und Kollegen, die das Manuskript gelesen und mich mit ihren Ideen unterstützt haben.

Jedes Werkstück, auch dieses Buch, braucht eine professionelle Endausfertigung. Dafür danke ich Monika Slamanig für die Redaktion und Ursula Gebendinger für die grafische Gestaltung.

Ein besonderer Dank gilt dem Haupt Verlag, der die Herausgabe dieses Buches ermöglicht hat.

St.Gallen 2011
Astrid Hassler

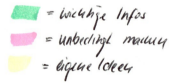
= wichtige Infos
= unbedingt machen
= eigene Ideen

Einführung

Anhand des folgenden Beispiels aus der Praxis einer Ausbildungssupervision möchte ich aufzeigen, welche Fragen sich durch die differenzierte Auseinandersetzung mit der konkreten Situation für Lehrende ergeben.

Beispiel aus einer Ausbildungssupervision für die Ausbildung in Sozialer Arbeit:

« Ein Trainee behält während der Ausbildungssupervision seine Basketballmütze auf. Dadurch ist der Augenkontakt mit ihm und von ihm zu den Gruppenmitgliedern eingeschränkt. Keine der Trainees reagiert darauf. Die Trainerin stellt der Gruppe die Frage, wie es ihnen denn im Kontakt und mit der Sichteinschränkung auf die Augen eines Teilnehmers untereinander ginge. Ein Trainee lacht und meint, das sei cool. Eine Trainee sagt, sie sei irritiert, weil sie mit dem Kollegen nicht in Augenkontakt treten könne. Die Trainerin fragt den Trainee mit der Mütze, was er denke, wenn er die Rückmeldungen höre. Er sagt, wenn die anderen Probleme damit haben, werde er seine Mütze ablegen. Er wisse, dass sie manchmal irritiere, aber die Mütze sei nun mal sein Markenzeichen. Die Trainerin fragt weiter, wie Berufskollegen oder Eltern bei Familienbesprechungen reagieren. Er antwortet, er hätte an seinem Arbeitsplatz stets die Mütze getragen. Seinen Vorgesetzten habe es gestört, aber er duldete es. Er merke, dass die Mütze manche Eltern von Klienten störe.

Die Trainerin stellt nun der Gruppe die Aufgabe, Kriterien für einen professionellen Auftritt vor Kollegen, Klienten oder Fachpersonen zu beschreiben. Die Gruppe kommt zum Schluss, dass ein persönlicher Stil wie die Mütze nicht Professionalität und Respekt ausdrückt, sondern zu locker und kumpelhaft wirkt.
Die Trainerin fragt den betreffenden Trainee nach seiner Schlussfolgerung. Er wiederholt, dass er bereit sei, die Mütze abzunehmen, wenn sie im Rahmen der Ausbildungssupervision unerwünscht sei. »

Wie seine Schlussfolgerung zeigt, passt sich der Trainee an das Setting Ausbildungs-supervision an. Eine eigentliche Lernleistung im Sinne einer fachlich begründeten, verstandenen Haltung schildert der Trainee nicht. Ziel der Trainerin war es jedoch, beim Trainee einen Erkenntnisprozess über die Wirkung von Kleidung und Aussehen auf den professionellen Auftritt auszulösen, der zu einer verstandenen, fachlich begründbaren Haltungsänderung führt.

Dieses Fallbeispiel wirft Fragen auf wie zum Beispiel: Was können Ausbildungssupervisorinnen tun, damit ein Trainee einen fachlich notwendigen Lern- und Erkenntnisschritt macht? Wie gehen andere Trainerinnen in einer solchen Situation vor? Was sagt das Ausbildungsinstitut dazu? Wird ein solcher Fall prüfungsrelevant beurteilt oder nicht? Ist das fachlich in Ordnung und tolerierbar? Wird im Ausbildungsinstitut über den Lernprozess der Trainees gesprochen? Ist eine Haltungsänderung in diesem Fall erforderlich, und wie wird die Notwendigkeit begründet? Welche persönliche Grundhaltung kann ein Trainee vertreten und die Ausbildung trotzdem erfolgreich abschliessen?

Aus den fallbezogenen Fragen ergeben sich für mich wichtige Grundsatzfragen für die Lehr- und Ausbildungssupervision:

- Was gehört alles zu einer guten Beratung, und welche Themen muss eine gute Beratungsausbildung behandeln?

- Welche Ergebnisse soll die Lehr- und Ausbildungssupervision erreichen, damit eine gut ausgebildete Beraterin daraus hervorgeht?

- Welche Rahmenbedingungen sind für eine hervorragende Lehr- und Ausbildungssupervision nötig, und wie muss der Arbeitskontrakt gestaltet sei? Wie ist die Zusammenarbeit zwischen den Ausbildungssupervisorinnen und dem Ausbildungsinstitut geregelt, und welche Informationen sollen ausgetauscht werden?

- Was geschieht in der Lehr- und Ausbildungssupervision, und wie kann Lernen und Lehren zielgerichtet angeleitet werden?

- Wer überprüft die Lernergebnisse in der Lehr- und Ausbildungssupervision, und wie?

- Über welche Kompetenzen müssen Supervisoren und Coaches verfügen, um in der Lehr- und Ausbildungssupervision tätig zu sein? Wer stellt die Eignung zur Lehr- und Ausbildungssupervisorin fest und überprüft sie?

In der Fachliteratur zur Lehr- und Ausbildungssupervision fand ich für diese offenen Fragen kaum Antworten. Die wenigen Bücher und Artikel zum Thema beschäftigen sich hauptsächlich mit dem Dreiecksvertrag, dem Lernen der neuen Berufsrolle durch Learning by doing und dem Lernen der Haltung durch das Lernen am Modell Lehrsupervisor (vgl. Ulrike-Luise Eckhardt / Kurt F. Richter / Hans Gerd Schulte, (Hrsg.): 1997).

Im Austausch mit Fachkolleginnen und -kollegen stellte sich heraus, dass häufig sehr unterschiedliche fachliche Überlegungen vorhanden sind, die zu grossen Unterschieden im Vorgehen führen. Auch die Ausbildungsinstitute setzen sehr unterschiedliche Standards. Das Thema Lernen und Lehren in der Ausbildungssupervision wird eher nachlässig abgehandelt, obwohl der Trainer am meisten für die praktische Umsetzung und die Handlungskompetenzen der Auszubildenden sensibilisiert ist.

Ich untersuchte Theorien und Modelle anderer Fachrichtungen und die unterschiedliche Gestaltung von Prüfungen in verschiedenen Berufsausbildungen. Sie eröffneten mir neue Perspektiven für den praktischen Teil in beraterischen Ausbildungen.

Aus diesen Recherchen, Überlegungen und Fragestellungen heraus entwickelte ich ein Handlungskonzept für die Lehr- und Ausbildungssupervision, das schliesslich zum LE-A-S Modell ® führte, das in diesem Buch erstmals vorgestellt wird. Es enthält sowohl theoretische Grundlagen als auch Arbeitsmethoden und -instrumente für das Lernen und Lehren in der Lehr- und Ausbildungssupervision.

Mit diesem Modell soll das Lernen und Lehren in der Ausbildungssupervision lehrbar, überprüfbar, vergleichbar und unter Standardbedingungen auch wiederholbar werden.

Mein Anliegen ist es, dass der praktische Teil der Ausbildungen für Supervision, Organisationsentwicklung und Coaching und die Ausbildungssupervision für soziale und medizinische Berufe stärker gewichtet und professionalisiert werden. Aus meiner Sicht gehören dazu auch dokumentierte und vergleichbare Arbeitsinstrumente und Handlungskonzepte. Ein Handlungskonzept schafft Klarheit für alle Beteiligten und trägt zur Verbesserung der Wirksamkeit der Lehr- und Ausbildungssupervision sowie zur Qualität der Ausbildung bei.

Dieses Buch soll als Instrument zum Erreichen dieser Ziele dienen.

Im ersten Kapitel werden Begriffe geklärt und der Bezugsrahmen der Lehr- und Ausbildungssupervision erläutert. Im zweiten Kapitel werden das Lernen und der Lernprozess der Trainee beschrieben; im dritten Kapitel erläutere ich die Steuerung der Lehr- und Lernprozesse durch die Trainerin. Die Zusammenarbeit zwischen Trainee, Trainerin und Ausbildungsinstitut, in Form von rückgekoppelten Lernprozessen, steht im Mittelpunkt des vierten Kapitels mit dem Schwerpunkt Qualität und Evaluation. Das fünfte Kapitel beschreibt das Zusammenspiel der verschiedenen Elemente im LE-A-S Modell® für Lehr- und Ausbildungssupervision.

Das Buch ist in einer geschlechterbewussten Sprache verfasst. Abwechselnd werden männliche und weibliche Schreibweisen benutzt. Selbstverständlich sind immer beide Geschlechter gemeint.

Das Modell der Lehr- und Ausbildungssupervision

Konzepte und Modelle helfen, Orientierung zu finden, Grenzen zu definieren und der Entwicklung eine Richtung zu geben. Das vorliegende Modell will einen Beitrag zur Orientierung in der Landschaft der Lehr- und Ausbildungssupervision leisten. Es soll Lehr- und Ausbildungssupervision lehrbar machen und damit zur Professionalisierung eines Teils der praktischen Ausbildung beitragen.

Das LE-A-S Modell® ist als Handlungskonzept für das Lehren und Lernen im Praxisteil der Ausbildung für Organisationsentwicklung und/oder Coaching und/oder Supervision, in der Lehrsupervision und für die Ausbildungssupervision in verschiedenen Ausbildungen gedacht. Es wurde am Institut für Lehrsupervision und Ausbildungssupervision ilea gmbh, St.Gallen entwickelt und wird in Weiterbildungsveranstaltungen an Fachpersonen weitervermittelt.

Das LE-A-S Modell® der Lehr- und Ausbildungssupervision stellt die Kontextvariablen und die einzelnen Elemente in der Lehr- und Ausbildungssupervision in einen Zusammenhang. Es bietet den beteiligten Personen einen Leitfaden und Orientierung für die fallbezogene Konzeptbildung. Das Modell stützt sich auf theoretische Bezugspunkte, die zu einem Handlungskonzept verknüpft werden können und ein geplantes, systemisches, wiederholbares und fachlich erklärbares und begründbares Vorgehen ermöglichen.

Im Mittelpunkt steht das Erlernen einer fachlichen Konzeptbildung durch den Trainee als Grundlage für professionelles Arbeiten im Beruf.

Das fachliche Konzept des Trainers ist um die Themen Lehren und Lernen sowie die Moderation von Lehr- und Lernprozessen erweitert. Es schliesst die Kontextvariablen des Dreiecksvertrages ein. Daraus ergeben sich Aspekte wie die Arbeitsbeziehung, Schlüsselkompetenzen und die Ergebnisüberprüfung, welche im Setting zu berücksichtigen sind.

Das LE-A-S Modell® wird entlang des Dreiecksvertrages vertieft. Im ersten Schritt geht es um das Lernen des Trainee, d.h. die fallbezogene Konzeptbildung, im zweiten um die Steuerung von Lehr- und Lernprozessen durch die Trainerin, also die fachliche Konzeptbildung der Trainerin. Schliesslich geht es um die Zusammenarbeit

Im Dreiecksvertrag und wie sich Lernprozesse durch die Art der Rückkopplung intensivieren lassen.

Das LE-A-S Modell® ist ein fachliches Konzept für die Lehr- und Ausbildungssupervision. Es lässt sich verschiedenen Beratungsrichtungen und Berufsausbildungen anpassen. Als Modell bietet es den fachlichen Rahmen zur Erstellung von Qualitätsstandards.

Es dient:

- der Schaffung theoretischer Grundlagen
- der fachlichen und ethischen Festlegung von Zielen und Vorgehensweisen
- der Planung, Wiederholung und Überprüfbarkeit von angestrebten Wirkungen
- der Verhinderung von negativen Folgewirkungen
- der Klarheit über die Verlässlichkeit von Interventionen unter Standardbedingungen
- der Schaffung von Akzeptanz für Interventionsmassnahmen
- der Orientierung der beteiligten Personen in Lernprozessen
- der Erreichung und Intensivierung von Lernergebnissen

Mit dem LE-A-S Modell® liegt erstmals ein Leitfaden für die Lehr- und Ausbildungssupervision vor. Er hat sich in der Praxis bewährt:

- Lehr- und Ausbildungssupervision wird einfacher lehrbar. Die Orientierung im Lernprozess wird für Trainees und Trainer einfacher.
- Es bietet einen konzeptuellen Rahmen, um Lehr- und Ausbildungssupervision zu vergleichen. Es hilft, Transparenz über Lernziele und Lernergebnisse für alle Beteiligten zu schaffen.
- Der Praxisteil in den Beratungsausbildungen erhält eine Aufwertung und Qualitätssteigerung.

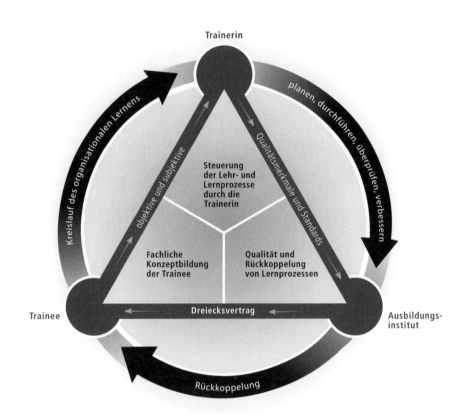

Kontext der Ausbildung, Rechtsgrundlagen

Abb. 1:   LE-A-S Modell®, vereinfachte Darstellung
            Das Modell für Lehr- und Ausbildungssupervision

1. Kapitel
Grundlagen und Rahmenbedingungen

Dieses Kapitel gibt einen Überblick über die Grundlagen, den Bezugsrahmen und die Rahmenbedingungen der Lehr- und Ausbildungssupervision. Fachbegriffe werden erklärt und definiert.

Grundlagen
Ausbildungssupervision

Unter Ausbildungssupervision versteht man ein Lernsetting mit externer Begleitung
durch eine Fachperson während einer Ausbildung (vgl. Renata Fox, 1998). Dieses
dient der berufsspezifischen Aneignung von Rollen- und Handlungskompetenzen. Ausbildungssupervision ist in einigen Grundausbildungen und Weiterbildungen Standard,
so z. B. in der Ausbildung von Sozialarbeiterinnen und Sozialpädagoginnen. Die Rahmenbedingungen können je nach Ausbildungsinstitution unterschiedlich sein.

Lehrsupervision

In der Lehrsupervision werden Supervisorinnen in Ausbildung von erfahrenen Lehrsupervisorinnen in ihrer praktischen Tätigkeit begleitet, beraten, geschult und gegebenenfalls auch beurteilt. Renata Fox definiert Lehrsupervision als eine besondere Form
innerhalb der Ausbildung zum Supervisor oder zur Supervisorin: «Lehrsupervision ist
Ausbildungssupervision. Ziel ist das Erlernen der neuen Berufsrolle als Supervisor»
(Renata Fox, DGGSv-aktuell 1.98, S.1).

Die Bezeichnung Lehrsupervision wird zum Teil auch in Ausbildungen für
Coaching und Organisationsentwicklung verwendet, da für einige dieser Beratungsformen kombinierte Ausbildungen angeboten werden, z. B. Supervision und Coaching
oder Organisationsentwicklung und Supervision. Dieses Verständnis von Lehr- und
Ausbildungssupervision leitet sich von der zurzeit vorhandenen Fachliteratur her.

Handelt es sich nicht um eine reine Supervisionsausbildung, sondern z. B.
um eine Ausbildung in Organisationsentwicklung und Coaching, werden in der Praxis
verschiedene Begriffe für Lehrsupervision oder Lehrsupervision-ähnliche Settings verwendet, z. B. Projektcoaching, Lern- und Prozessbegleitung, Ausbildungssupervision,
Ausbildungscoaching u. a.

Diese Begriffe werden in der Praxis unterschiedlich verwendet.

Im vorliegenden Buch wird der Begriff Lehrsupervision für eine Ausbildungssupervision innerhalb der Ausbildungen für Supervision und/oder Organisationsentwicklung und/oder Coaching verwendet.

Übersicht der verwendeten Begriffe

Trainee	Auszubildende in einem sozialen oder medizinischen Beruf, in Organisationsentwicklung und/oder Supervision und/oder Coaching
Trainer/Trainerin	Lehrsupervisor/Lehrsupervisorin: ausgebildete erfahrene Supervisorin und/oder Organisationsentwicklerin und/oder Coach. Ausbildungssupervisorin: eine im Berufsfeld der Auszubildenden kundige Supervisorin.
Ausbildungssupervision	Supervision für Auszubildende in einem sozialen oder medizinischen Beruf oder einer berufsbegleitenden Weiterbildung. Ausbildungssupervision kann für Einzelpersonen und/oder Gruppen angewendet werden.
Lehrsupervision	Lehrsupervision ist eine spezielle Form der Ausbildungssupervision im praktischen Ausbildungsteil in den Ausbildungen für Supervision und/oder Organisationsentwicklung und/oder Coaching. Lehrsupervision kann für Einzelpersonen und/oder Gruppen angewendet werden.
Praktikum	Ein Praktikum bezeichnet eine auf eine bestimmte Dauer ausgelegte Mitarbeit in einer Organisation. Ziel ist es, erworbene Kenntnisse und Fähigkeiten durch praktische Mitarbeit in einer Organisation in der Praxis zu erproben und weiter zu entwickeln.
Beratung	Beratung im umfassenden Sinn ist eine durch Auftraggeber und Auftragnehmer definierte, zeitlich beschränkte Zusammenarbeit mit einer Einzelperson, einer Gruppe oder einer Organisation. Sie kann in unterschiedlichen Berufsfeldern praktiziert werden. Beratungsformen wie Organisationsentwicklung und/oder Supervision und/oder Coaching sind mitgemeint.
Lernsupervision	In einer Ausbildung für Coaching und/oder Supervision und/oder Organisationsentwicklung führen die Auszubildenden selbst Beratung durch. Diese wird dann in der Lehrsupervision reflektiert, analysiert und verbessert.

Tab. 1:   Übersicht der Begriffe

Rahmenbedingungen
Der Kontext von Lehr- und Ausbildungssupervision

Grundsätzlich beinhaltet eine Ausbildung für Beratung folgende drei Schwerpunkte: Theorie- und Wissensvermittlung, Training in der Ausbildungsgruppe und die Praxisausbildung mit einer Ausbildungssupervision bzw. Lehrsupervision.

Bezugsrahmen von Ausbildung

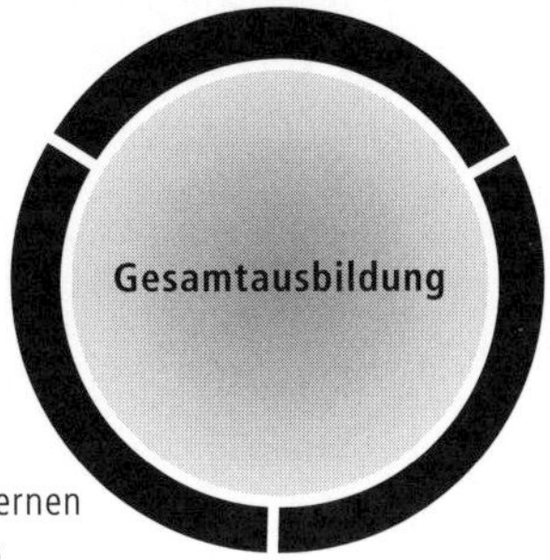

Theorievermittlung

Gesamtausbildung

Praxisausbildung
Praktikum, Volontariat, Arbeitseinsätze im Berufsfeld: Beratungen durchführen und in der Lehrsupervision vor- und nachbearbeiten

Training
Trainieren von Methoden und prozessorientiertes Lernen in der Ausbildungsgruppe

Abb. 2:   Die drei Schwerpunkte einer Ausbildung für Beratung

Die drei Schwerpunkte werden in der Ausbildung häufig gleich stark gewichtet. Theorie, Training und Praxiserfahrung sind für die fachliche Konzeptbildung in der Beratungssituation gleichermassen relevant. Theorie ohne Praxiserfahrung oder Praxiserfahrung ohne Theoriehintergrund birgt die Gefahr fachlicher und ethischer Grenzüberschreitungen in sich. Die Theorieanwendung ohne gezieltes Training könnte zu Fehlern und Fehleinschätzung durch den Trainee führen. Zu wenig Begleitung bei ersten Lernerfahrungen in der Praxis kann zu riskantem Handeln oder zu Fehlhandlungen verleiten und dadurch für das Klientensystem problemerhaltend oder sogar problemerzeugend wirken. Für die ersten Gehversuche der Auszubildenden im gewählten Berufsfeld sind das hinderliche Erfahrungen, die sich negativ auf die berufliche Entwicklung auswirken könnten. Die Begleitung und Führung durch eine erfahrene Fachperson unterstützt den Trainee, damit der Berufseinstieg gelingt und zu einer positiven Erfahrung sowohl für den Trainee als auch für dessen Klienten wird.

Lernen in der Lehr- und Ausbildungssupervision
Beratung lernen in der Praxisausbildung

Trainees müssen bereits während der Ausbildung eine beratende Tätigkeit aufnehmen. Der Umfang und die Art der praktischen Arbeit sind im Ausbildungskonzept des jeweiligen Ausbildungsinstitutes festgelegt. Für einen erfolgreichen Abschluss sind die definierten praktischen Tätigkeiten und Arbeitserfahrungen nachzuweisen. In der Supervisionsausbildung wird die praktische Tätigkeit meist als Beratungsauftrag definiert und Lernsupervision genannt. Dieser Praxisausbildungsteil wird in der Lehr- und Ausbildungssupervision weiter bearbeitet, reflektiert und um die beruflichen Handlungskompetenzen erweitert.

Für die Lehrsupervision wählt die Trainee eine für sie geeignete Trainerin oder einen Trainer aus und schliesst mit ihr oder ihm den Arbeitskontrakt ab. Meist führt das Ausbildungsinstitut eine Liste möglicher Trainerinnen und Trainer. Für die Gruppenlehr- und Ausbildungssupervision geben manche Institute die Trainerin bzw. den Trainer vor. Sie legen die zu leistende Stundenanzahl für Lehr- und Ausbildungssupervision fest, gestützt auf die rechtlichen Standards und Richtlinien des Berufsverbandes.

Die Auswahl der Trainerin und die Auftragserteilung entsprechen der realen Situation, wie Beratungsaufträge auf dem freien Markt vergeben werden. Das heisst, die Kundin wählt die beratende Fachperson nach ihren Bedürfnissen und Kriterien aus und schliesst den Vertrag für die Lehr- und Ausbildungssupervision mit ihr ab. Dieses Vorgehen verhilft der Trainee bereits zu praktischen Lernerfahrungen und wird in der Ausbildungssupervision reflektiert und bearbeitet.

Lernen am Modell

Beraten lernen heisst Lernen am Modell Lehrsupervision als «Modell für Beratung». Die Trainee erfährt durch das Erarbeiten des Dreiecksvertrages, die Rolle und die Methodenwahl der Trainerin, wie Beratung gestaltet werden kann. Gleichzeitig erhält sie durch die Teilnahme und das Beobachten von Interventionen der Trainerin Impulse für ihr eigenes berufliches Handeln. Das Handeln und die Haltung der Trainerin in der Lehr- und Ausbildungssupervision sowie ihr Umgang mit Methoden und Interventionen dienen der Trainee als Vorbild für das eigene Verhalten in der zukünftigen Berufsrolle.

«Learning by doing»

In der Lehr- und Ausbildungssupervision findet ein handlungsorientiertes «Learning by doing» statt: Der Trainee ist bereits als Berater bzw. Praktikant tätig, allerdings noch im geschützten Status des Auszubildenden. «Fehler machen dürfen» ist darin ein Teil des praktischen Lernens.

Im Erproben der praktischen Tätigkeit sollen mögliche berufliche Schwierigkeiten offen besprochen werden können, damit das Lernen auch anhand von Fehlleistungen und Widerständen möglich wird. Die zukünftige Beraterin soll lernen, auch in schwierigen Lernsituationen ihre Reflexions-, Lern- und Arbeitsfähigkeit langfristig zu erhalten.

Formen von Lehr- und Ausbildungssupervision

Die Berufsverbände bzw. Ausbildungsinstitute verlangen die Teilnahme an Einzel- und Gruppenlehrsupervision. Die Ausbildungssupervision in einer medizinisch-sozialen Ausbildung oder in einer Weiterbildung findet in der Regel ausschliesslich in Gruppen statt.

Der Dreiecksvertrag

Wie in der Berufssituation – der Beratung von Klientinnen – beginnt auch in der Ausbildung die Zusammenarbeit mit dem gemeinsam ausgehandelten Vertrag.

Den Rahmen für die Lehr- und Ausbildungssupervision bildet ein Dreiecksvertrag zwischen Ausbildungsinstitut, Trainee und Trainerin. Darin sind die Aufträge der am Vertrag beteiligten Personen, ihre Rechte und Pflichten festgelegt. In diesem Vertrag werden der Handlungsspielraum und die Handlungskompetenzen der beteiligten Personen festgelegt. Vereinbarungen und Strukturen sorgen für Sicherheit in der Zusammenarbeit. Der Dreiecksvertrag bildet den Rahmen für die Gestaltung der Beziehung zwischen Trainee, Trainer und Ausbildungsinstitut und damit die Grundlage für die Lehr- und Ausbildungssupervision. Sowohl die gesetzlichen und berufspolitischen als auch die Vorgaben des Ausbildungsinstitutes müssen erfüllt werden. Dieser Kontext, das heisst der umgebende Zusammenhang, hat direkte Auswirkungen auf das Setting. In diesem Sinn sind die Vorgaben und Standards aller auf die Ausbildung wirkenden Faktoren gegeben und nicht bzw. nur begrenzt verhandelbar.

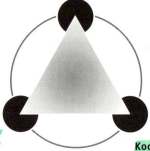

Administrativer Vertrag

Zusammenarbeit mit dem Ausbildungsinstitut, der Trainee und der Trainerin: Zeit, Ort, Dauer, Kosten, Infrastruktur, Kontrolle, Informationsfluss, Beurteilung usw.

Lernvertrag

Ziel und Ergebnis – persönliche Lernziele, Methodik, Vorgehen, Ergebniserwartung, Qualifikation und Evaluation, Praxisbeispiele, Lerndokumentation usw.
Überprüfung der Ziel- und Ergebnis-Erreichung.

Kooperationsvertrag

Informationsfluss zwischen den Beteiligten, allgemeine Lernziele, Absprache über die Zusammenarbeit, Feedback und Konfrontation, Einhalten von Vereinbarungen, Gestaltung der Lernbeziehung usw. Überprüfung der Lernziele, Evaluation des Gesamtprozesses.

Idee:
Therapie-
pläne Hospi-
tierende +
verfügung
stellen

Abb. 3:   Die Lehr- und Ausbildungssupervision im Dreiecksvertrag zwischen Ausbildungsinstitut, Trainerin und Trainee.

Vertrag gemäß
der Checkliste
erstellen!

Checkliste der Vertragspunkte

Administrativer Vertrag

ACHTUNG:
siehe S. 29!

- ■ Rahmenbedingungen: Zeit, Dauer, Ort, Kosten

- ■ Anwesenheit: Teilnahme und Fehlzeitenregelung bzw. Umgang mit versäumten und abgesagten Terminen. Teilnehmende Personen

- ■ Inhalte und Praxisbeispiele: Wie viele Lernsupervisionen bzw. Praxisbeispiele müssen eingebracht, reflektiert und durch die Trainerin bestätigt werden? Wie müssen sie eingebracht werden: mündlich, schriftlich, Tondokument, Videoaufnahme, Live-Beratung? Welche Themenkreise/Fragestellungen müssen bearbeitet werden, um die Ziele zu erreichen? Welche und wie viele selbst durchgeführte Lernsupervisions- bzw. Beratungsstunden muss die Trainee nachweisen? Wie und durch wen wird der Nachweis überprüft?

- Evaluation: Wie wird das Setting Lehr- und Ausbildungssupervision ausgewertet, und was geschieht mit den Daten?

Kooperationsvertrag

- Umgang mit Vertraulichkeit: Welche Informationen aus der Lehr- und Ausbildungssupervision werden von wem an wen weitergegeben? Welche Daten fliessen anonym ans Ausbildungsinstitut zurück? Welche kritischen Informationen müssen dem Ausbildungsinstitut gemeldet werden?

- Ziele: Gibt das Ausbildungsinstitut bestimmte Ziele vor? Wird nach persönlichen Lernzielen oder nach Schlüsselkompetenzen gearbeitet?

- Überprüfung: Welche Lernergebnisse werden erreicht, und wie werden sie überprüft? Wie wissen die beteiligten Personen, ob das Ziel erreicht ist? Wie werden die Ergebnisse dokumentiert? Werden sie jemandem weitervermittelt? Mit welchen Kriterien wird die Zielerreichung überprüft? Gibt es eine Beurteilung bzw. schriftliche oder mündliche Prüfung?

- Vorgehen im Konfliktfall: Wer wird im Konfliktfall beigezogen? Wie wird vorgegangen?

Lernvertrag

- Vor- und Nachbereitung: Wer bereitet sich wie auf die Lehr- und Ausbildungssupervision vor bzw. bereitet sie nach? Werden Ergebnisse dokumentiert?

- Arbeitsweise: Müssen spezielle Methoden und Handlungskonzepte eingeübt werden? Mit welchen Methoden wird gearbeitet? Gibt es dazu Vorgaben oder persönliche Lernziele?

- Gibt es besondere Abmachungen zur Gestaltung der Arbeitsbeziehung zwischen Trainee bzw. der Trainee-Gruppe und dem Trainer?

- Gibt es besondere Lerninhalte, welche bearbeitet werden müssen?

Inhalte von Lehr- und Ausbildungssupervision

Das Aneignen der Lerninhalte geschieht in der Lehr- und Ausbildungssupervision auf sehr individuelle Art. Lehren und Lernen sind im Setting der Lehr- und Ausbildungssupervision den Bedürfnissen und Fähigkeiten der beteiligten Personen angepasst. Die Art und Weise der Zusammenarbeit und der Verhaltensleistungen wird verhandelt und im gemeinsamen Vertrag vereinbart.

Die Eigenleistung der Trainee (oder der gesamten Lerngruppe) wird ebenfalls vertraglich festgelegt. Der Erfolg des Lernprozesses in der Lehr- und Ausbildungssupervision ist von beiden abhängig, einerseits vom aktiven Lernbeitrag der Trainee, andererseits aber auch vom Fachwissen des Trainers und seiner Fähigkeiten, einen Lernprozess didaktisch gut zu gestalten und durch adäquate Interventionen in eine angemessene Bearbeitungstiefe zu lenken.

Damit die beteiligten Personen ihr Lehr- und Lernpotenzial voll ausschöpfen können, ist eine wohlwollende und konstruktive Beziehung die wichtigste Voraussetzung. Lehren und Lernen in der Lehr- und Ausbildungssupervision geschieht durch Interaktionen und ist demnach auch Beziehungsgestaltung. Auf dem Boden einer verbindlichen Arbeitsbeziehung lassen sich Lernerfolge durch vereinbarte Abläufe, Inhalte und Methoden nachhaltiger verankern.

Die groben Lernziele und -inhalte für die Trainees sind im Konzept der Ausbildungsinstitution festgeschrieben und Teil des Dreiecksvertrages.

Barbara Wiese führt eine Reihe möglicher Themen für Lehrsupervisandinnen auf: (vgl. Barbara Wiese, DGSv-aktuell 4.98, S. 5)

- Selbstdarstellung
- Akquisition
- Kontaktaufnahme
- Fallbearbeitung
- Hypothesenbildung
- Vorgespräch
- Kontraktgespräch   = erster persönliches Kontakt
- Auftragsklärung

(handschriftlich am linken Rand:) – Ideen für Inhalte im Vertrag

- Gestaltung des Supervisionsprozesses

- Interventionen

- Potenzial und Grenzen von Beratungsprozessen

- Abschluss, Auswertung, Transfer

Weitere Inhalte sind:

- Entwicklung der Berufsidentität und der Rolle als Fachperson

- Persönliche Grundhaltung: Menschenbild und Glaubensbilder in der praktischen Arbeit

- Berufsethik, Schweigepflicht und Loyalität gegenüber Auftraggebenden

- Selbstreflexion und Selbstführung

- Die Organisation und deren Kontextbedingungen in der Beratung

- Evaluation und Qualität von Beratungsprozessen

- Beratungsmethoden und Unterscheidung von anderen Beratungs- bzw. Therapieformen und Berufsbildern

- Erfolgsfaktoren für eine gute Beratung bzw. Berufstätigkeit

- Lehren und Lernen in der Beratung

- Moderation von Veränderungsprozessen

- Interventionstechniken

- Querschnittthemen wie z. B. Rollenmanagement, Gender Mainstreaming, Konfrontieren in der Beratung, Spiritualität, Konkurrenz, Macht und Manipulation usw.

- Die Arbeitsbeziehung mit der Trainee und die Rolle der Trainerin als ausbildende Fachperson

Beschreibung einiger Beispiele von Lerninhalten:

Motivation

Die eigene Handlungsmotivation für den Beruf und für das Lernen ist ein wichtiger Aspekt der Sinn- und Identitätsfindung in der Beratungsarbeit.

Selbstdarstellung

Präsentation der eigenen Kernkompetenzen, professioneller Auftritt vor Klienten und Kolleginnen.

Akquisition in der Lehrsupervision

Auswahl der Trainerin und erste Kontaktaufnahme.
Akquisition erster Lernsupervisionen. Der berufliche Auftritt.

Entwicklung des eigenen Beratungskonzeptes

Bevorzugte Methoden und Interventionen in der Berufsausübung, Stärken und Schwächen in der Beratung. Beschreibung der eigenen Beratungskompetenzen. Festlegen des Honorars.

Vertragsabschluss

Führen von Vertragsverhandlungen, Vertragsarbeit.

Beratungsprozess

Gestaltung des Beratungsprozesses und Prozessmoderation.

Rollenmanagement

Gestaltung der Rolle als Berufsperson.
Die Orientierung am Auftrag in einer Organisation bzw. als selbständige Unternehmerin.

Methoden der Beratung

Anwendung von Methoden in der Lehr- und Ausbildungssupervision (evtl. mit Unterstützung durch verschiedene Medien).

Lösungsorientierung

Erarbeitung von Lösungen und Entscheidungen mit Kunden.

Menschenbild und handlungsleitende Grundannahmen

Berufsethische Grundsätze.
Art und Weise der Interventionen, Konfrontation und Provokation.
Die ethische Bewertung von Handlungen und Handlungskonzepten.
Grundsätzliche Annahmen über sich selbst und die Welt.

Auswertung – Sichern von Ergebnissen

Auswertung der Lehr- und Ausbildungssupervision.
Beschreibung der Wirkung (Lernergebnis) durch die Lehr- und Aus-
bildungssupervision. Reflexion des Lern- und Gruppenprozesses und
Evaluation des Lernprozesses und der Arbeitsbeziehung.

Gestaltung der Arbeitsbeziehung Trainerin/Trainee

Umgang mit Nähe und Distanz, Anpassung und Autonomie im Lernprozess, Macht und Abhängigkeit in der Arbeitsbeziehung.

Fachliche Konzeptbildung

In konkreten Fallbesprechungen lässt sich die fachliche Konzeptbildung
der Trainee erkennen und erweitern.

Tab. 2:   Lerninhalte von Lehr- und Ausbildungssupervision

Unterschiede zwischen Lehr- und Ausbildungssupervision

Nebst der grundlegenden Unterschiede, wie sie unten aufgelistet sind,
müssen die der Berufsausrichtung und dem Ausbildungsinstitut entsprechenden fachlichen Besonderheiten und Inhalte berücksichtigt und
definiert werden.

1. Besonderheiten der Ausbildungssupervision

- Der zu erlernende Beruf steht im Zentrum der Reflexion der praktischen
  Arbeit. Die Trainerin muss über Feld- und Fachkompetenz verfügen,
  um die berufliche Sozialisation und Professionalität gemäss den vorgegebenen Standards zu fördern und zu fordern. Dazu ist das Setting
  ein Hilfsmittel. Es ist für das Erlernen des Berufs nicht immer erforderlich, dass die Trainerin das Setting der Ausbildungssupervision und
  die verwendeten Methoden mit der Trainee reflektiert.

- Ausbildungssupervision findet meist in Gruppen statt. Einzel-Ausbil-
  dungssupervision kann in besonderen Situationen empfohlen werden.

  In der Logopädie nicht!

- Die Ausbildungssupervision wird routinemässig im Ausbildungsablauf
  organisiert. Deshalb finden Vertragsverhandlung und -abschluss meist
  zwischen dem Ausbildungsinstitut und der Trainerin statt. Das Institut gibt oft auch die Termine vor. Den Trainees sind nur die lern- und
  prüfungsrelevanten Bedingungen des Dreiecksvertrages bekannt.

*In meinem Vortrag ausschliesslich die lern- + prüfungs-
relevanten Bedingungen aufnehmen. Nichts ohne Verpflichtung muss sich gegenüber der Schule!*

29

■ Die Trainee wird für die Kooperation in einer Organisation vorbereitet. Die Trainee absolviert ein Praktikum in einer vom Ausbildungsinstitut anerkannten Organisation. Bei vielen Organisationen hat die Trainee dafür ein Bewerbungsverfahren zu durchlaufen. Das heisst, sie wird für ihre Rolle als Mitarbeiterin in einer Organisation trainiert und lernt, wie sie sich in deren Arbeitsabläufe einfügt.

Achtung! Bei uns auch innerhalb eines Instituton – also des Schule!

■ In der Gruppen-Ausbildungssupervision wird die Umsetzung von beruflichen Kompetenzen mit Rollenspielen und anderen kreativen Methoden geübt. Ein Gruppenmitglied übernimmt die Rolle der Fachperson, ein anderes die der Klientin. Dadurch werden persönliche Handlungsmuster erkennbar und reflektierbar. Eine solche Situation ist immer nur eine spielerische Annäherung an die Arbeit mit Klienten. Die Trainerin kann die beruflichen Kompetenzen zwar beobachten, jedoch nur bedingt auf die Praxissituation rückschliessen.

– geschieht bei uns innerhalb des Unterrichts ↳ zählt nicht als Supervision

ABER: als Übungssituation zur Vorbereit eam Patienten im Vorbesprechy planen!

2. Besonderheiten der Lehrsupervision in den Ausbildungen für Supervision/Coaching/Organisationsentwicklung

■ Lehrsupervision unterscheidet sich stark von Beratung, weil durch die Reflexion der gesamten Fallarbeit Beratung durch Beratung gelernt wird. Einerseits werden das Setting, das Vorgehen und die Interventionen des Fallbeispiels reflektiert und bearbeitet. Andererseits wird die Art und Weise, wie das geschieht, besprochen und für das Erlernen der Berufsrolle herangezogen. Ein Teil der Lehrsupervision ist darum die gezielte, reflexive und theoretische Auswertung der gemeinsamen Arbeit, der Arbeitsbeziehung und des Gruppen- und Lernprozesses. Beratung wird dadurch gelernt, dass Beratung gemacht und erlebt wird.

■ Die Trainee hat meist Einzel- und Gruppenlehrsupervision zu absolvieren.

■ Die Trainee wählt die Trainerin für die Einzellehrsupervision meist selbst, bespricht den Lehrsupervisionsauftrag mit ihr und verhandelt gewisse Bedingungen des Dreiecksvertrages und das Honorar. Dies entspricht dem marktüblichen Vorgehen in der Beratung und wird als Lernsituation genutzt. Manche Institute geben einen Standardvertrag vor.

■ Die Trainee akquiriert ihre Klientinnen für die Lernsupervision selbst, wie es der Berufspraxis einer selbständig arbeitenden Beraterin entspricht. Dadurch wird sie für die Arbeit als Unternehmerin und selbstständige Beraterin vorbereitet. Die Ausgestaltung der Rolle als interne Beraterin einer Organisation ist ebenfalls Teil der Lehrsupervision.

■ In der Gruppenlehrsupervision wird der Gruppenprozess explizit reflektiert und als Lernbeispiel analysiert. In der Gruppe ergeben sich auch Möglichkeiten von «Live-Beratungen», d.h. ein Gruppenmitglied supervidiert die Falleinbringerin. Je nach Beratungsrichtung, welche der Trainee lernt, kann die Trainerin die Umsetzung von Beratungskompetenzen direkt beobachten und besprechen.

Was nicht in die Lehr- und Ausbildungssupervision gehört

Der Dreiecksvertrag schliesst bestimmte Themen in die Lehr- und Ausbildungssupervision ein, kann aber nicht jedes Detail definieren. Um Fehleinschätzungen und Unsicherheiten der Trainee über die Inhalte des Settings zu vermeiden, kann der explizite Ausschluss gewisser Themen nützlich sein. Dies hilft, den Lernprozess zu konzentrieren und schafft Klarheit und Sicherheit für alle Beteiligten.

Nicht in das Setting der Lehr- und Ausbildungssupervision gehören:

■ die Begleitung der Diplomarbeit

■ persönliche, therapeutisch zu bearbeitende Schwierigkeiten oder Krisen bzw. biografische Ereignisse

■ das Thema Akquirieren, falls es zu einem Dauerthema wird und der Trainee selbst keine Beratungen durchführt

■ Reflexion über Prozesse und Situationen aus anderen Settings der Ausbildung ohne Bezug zum eigenen Erleben, Verhalten und Denken. Das Einholen von Ratschlägen für die praktische Arbeit ohne entsprechende Selbstreflexion.

Ein Beispiel zum Thema Akquirieren:

« Eine Trainee in der Gruppenlehrsupervision erzählt, dass sie kaum Gelegenheiten zur Akquisition eines Auftrages hat. Sie schildert dies mit einleuchtenden Argumenten. Die Trainerin fragt nach, und die Trainee beschreibt den immensen Druck, unter dem sie steht, um die Stundenvorgaben für Lernsupervisionen zu erfüllen. Dies wiederholt sich in zwei Sitzungen. Die Trainerin vereinbart mit der Trainee in einem individuellen Vertrag, dass sie bis zur nächsten Sitzung einen Beratungsauftrag akquiriert haben wird. Diese Vereinbarung hält die Trainee nicht ein. Die Trainerin bespricht sich mit der Ausbildungsleitung. Die Ausbildungs-

leitung führt daraufhin mit der Trainee ein Gespräch, wie sie die Vorgaben erfüllen könnte. Die Trainee entscheidet sich nach diesem
Gespräch für eine Verlängerung der Ausbildung, um genügend Zeit
zu haben, die erforderlichen Supervisionsstunden zu erbringen. »

In diesem Beispiel interveniert die Trainerin, als die Trainee in der Phase des Akqui-
rierens stecken zu bleiben scheint. Die im Dreiecksvertrag vorgesehene gegenseitige
Informationspflicht, falls das Lernergebnis nicht erreicht werden sollte, bildete die
Rahmenbedingung für das Gespräch mit der Ausbildungsleitung. Das Vorgehen und
die getroffenen Vereinbarungen ermöglichen der Trainee, die Ausbildung mit einer
einjährigen Verlängerung abzuschliessen.

In diesem Kapitel wurden die Grundlagen und Rahmenbedingungen der Lehr- und
Ausbildungssupervision erläutert. Im nächsten Kapitel wird nun der Lernprozess der
Trainee beschrieben.

2. Kapitel
Der Lernprozess der Trainee

In der Lehr- und Ausbildungssupervision steht die <mark>fachliche Konzept-bildung der Trainee</mark> im Zentrum der Aufmerksamkeit – sowohl der Trainee selbst als auch der Trainerin. Die fachliche Konzeptbildung der Trainerin ist erweitert um das Lehren einerseits und das Lernen der Trainees andererseits.

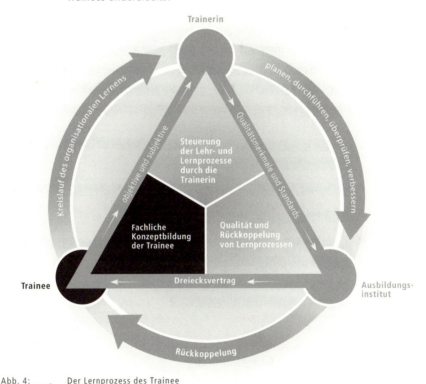

Abb. 4:   Der Lernprozess des Trainee

konkextfaktoren des lernens

Schwerpunkt dieses Kapitels sind der <mark>Trainee und sein Lernprozess,</mark> gestützt auf den

Konzept-
Dreiecksvertrag. Es führt <mark>von den Kontextfaktoren des Lernens über die Konzeptbildung</mark>

bildung (google) <mark>und die verschiedenen Lernzielstufen zu den Schlüsselkompetenzen,</mark> welche der Trainee

in der Ausbildung und in der Lehr- und Ausbildungssupervision erreichen sollte. Ver-

dichtet wird das Lernergebnis im Indikator «Rolle und Selbstführung». Das Kapitel zeigt

Schlüssel- auf, wie der Lernprozess anhand der fachlichen Konzeptbildung und der Schlüsselkom-

kompetenzen petenzen moderiert, intensiviert und überprüft werden kann.

(verschiedene lernzielstufen) — siehe Ordikan - Mitschriften + Handouts aus pädago-
gisches Werksbüro

33

Das fachliche Konzept in der Lehr- und Ausbildungssupervision

Wie eingangs erwähnt, gibt es kaum Literatur darüber, was in der Lehr- und Ausbildungssupervision geschieht, wie vorgegangen wird und welche Kompetenzen erreicht werden sollten. Konzepte existieren jedoch in den Köpfen von Lehr- und Ausbildungssupervisorinnen. Professionelle Berater bilden auf die spezifische Beratungssituation bezogene handlungsleitende Fachkonzepte, welche als Ordnungsprinzip und Entscheidungshilfe für ihr Handeln dient. Holloway nennt es die fachliche Konzeptbildung in einer Beratungssituation (Elizabeth Holloway 1998). Im Austausch mit anderen Trainerinnen werden diese Handlungskonzepte und -prämissen, Ordnungsprinzipien und Leitideen ausgesprochen und sichtbar.

Es geht also einerseits darum, welches handlungsleitende Konzept die Trainerin bildet, um daraus ihr Vorgehen in der Lehr- und Ausbildungssupervision abzuleiten und abzustützen. Andererseits soll der Trainee lernen, wie er in verschiedenen Beratungssituationen ein fachliches Konzept entwickeln und anwenden kann.

Die Konzeptbildung der beteiligten Fachpersonen ist der rote Faden für Vereinbarungen zu folgenden Punkten:

Konzeptbildung – Definition googeln

- (Lern- und Handlungs-) Ergebnis der Lehr- und Ausbildungssupervision

- Rahmenbedingungen und Auftragsgestaltung

- Vorgehen und Methoden sowie die Art und Weise der zielgerichteten Lenkung von Lernen und Lehren

- Überprüfung und Bewertung der Lernergebnisse und die Evaluation der Lehr- und Ausbildungssupervision.

Die fachliche Konzeptbildung

Jede Beratungssituation setzt voraus, dass der Berater ein fachliches Konzept bildet, das ein geordnetes und geplantes professionelles Vorgehen ermöglicht. Es ist die Grundlage für das professionelle Handeln und wird individuell der entsprechenden Beratungssituation angepasst.

– Ein fachliches Konzept als Grundlage für ein geordnetes und geplantes professionelles Vorgehen. Es soll eine Anpassung an die individuelle Supervision ermöglichen.

Ein Leitfaden für die Bildung eines Handlungskonzeptes in einer Beratungssituation beinhaltet folgende Punkte:

Kontextfaktoren

Leistungsauftrag der Institution, Organisationsform, Finanzierungsform, gesellschaftliche Situation, gesetzliche Grundlagen und Rahmenbedingungen für die Beratung und den Beruf, branchenspezifische Besonderheiten usw.

+ übergeordnete Zielsetzung der Organisation, in der die beratende Person angestellt ist, und Auftragsziele der Beratung

+ Ordnungsprinzipien für Entscheidungen und Handlungen: handlungsleitende Grundannahmen, Menschenbild, Werte, Ethik, Berufsethik, Standards

+ fachliche Theorien und theoretische Bezugspunkte, um auftretende Phänomene zu erklären

+ Methoden für professionelles Handeln, Interventionstechniken, Methoden der Prozessmoderation, Situationserfassung und Hypothesenbildung, Reflexion und Evaluation.

Kontextfaktoren

Ein anhand dieses Leitfadens erarbeitetes Handlungskonzept stellt Ziele, Vorgehen, Evaluation und die fortlaufende Überprüfung und Verbesserung in einen sinnvollen Zusammenhang.

In selbst durchgeführten Beratungen und durch Unterstützung in der Lehr- und Ausbildungssupervision lernt die Trainee ein Handlungskonzept für die individuelle Beratungssituation zu bilden, es fachlich zu begründen und für den Beratungsauftrag wirksam umzusetzen. Die Bildung eines fachlichen Konzeptes zu erlernen und es handlungsleitend zu nutzen, ist das Fundament jeder Beratungstätigkeit. Es ist meistens ein eklektisches Gebilde zur systematischen Situationserfassung und zur professionellen Handlungs- und Verbesserungsplanung. Grundsatz ist, dass jeder Schritt fachlich begründbar ist. Die Methoden und Werkzeuge sind je nach Berufsfeld, Auftrag und Benutzerin verschieden aufgebaut und kombiniert und zeigen sich u.a. in der Wirksamkeit und in einem individuellen Beratungsstil.

Das fachliche Handlungskonzept ist ein in sich schlüssiges, dynamisches Modell, das Kontext, Auftrag, Zielsetzung, Ordnungsprinzipien für Entscheidungen sowie Theorien und Methoden in einen sinnvollen Zusammenhang setzt und sich verändernden Situationen angepasst wird. Es dient der planbaren, kontrollierbaren und wiederholbaren Gestaltung von Beratungsprozessen. Das Vorgehen ist jederzeit fachlich begründbar (vgl. Franz von Stimmer 2000).

Supervisorin orientiert sich am fachlichen Handlungskonzept. Dieses konzentriert sich auf Schlüsselkompetenzen, die der Schüler erreichen soll. Anhand dieses

Das fachliche Konzept der Trainerin
fachlichen Konzepts kann die

Die Trainerin orientiert sich auch an einem fachlichen Handlungskonzept, das sich von demjenigen der Trainee unterscheidet. Die Trainerin moderiert die Lernprozesse der Trainee mit dem Ziel, sie zur Qualifizierung und Ausübung des Berufs zu führen. Dementsprechend konzentriert sich ihr Konzept auf die Schlüsselkompetenzen der Trainee. Es ermöglicht der Trainerin, das fachliche Niveau der Trainee zu beurteilen, diese Beurteilung fachlich zu begründen und den weiteren Lernverlauf zu steuern. Ihr fachliches Konzept ist in Bezug auf das Lehren und Lernen der Trainee um die Beurteilung von fachlichen Kompetenzen und deren Evaluation erweitert.

Supervisorin das fachliche Niveau des Schülers beurteilen. Daraus resultiert, dass sie den weiteren Lernverlauf steuern kann. Außerdem sollte sie anhand des Konzepts in der Lage sein, die fachlichen Kompetenzen d. Schüler zu evaluieren.

Die fallbezogene Konzeptbildung der Trainee

In einer sich ständig verändernden Beratungssituation erfordert die fachliche Konzeptbildung eine komplexe systemische Leistung der Beraterin. Sie fügt ihr Wissen, ihre Handlungskompetenzen und Erfahrungen unter Einbezug des umgebenden Zusammenhangs und des Settings zu einem sinnvollen Ganzen zusammen und passt es fortlaufend an oder ändert es unter Umständen vollständig. Dazu sammelt sie Beobachtungen über das Kundensystem. Die Vielzahl von gesammelten Daten und Beobachtungen werden in einer Art Komplexitätsreduktion zur fachlichen Konzeptbildung herangezogen. Die Art der Wirksamkeit des daraus entwickelten Vorgehens und der Interventionen zeigt der Beraterin, ob das fachliche Konzept als Arbeitshypothese förderlich ist oder ein neues entwickelt werden soll. Gelingen diese komplexe Leistung und dieser dynamische Prozess, wirkt die Person kompetent.

○ *die gesammelten Daten während der Beobachtung müssen von der Supervisorin zu einem sinnvollen Ganzen zusammengefasst werden. Dies muss fortlaufend geschehen, damit, je nach Leistungsstand des Schülers, eine Anpassung erfolgen kann.*

Folgende Fragen kann zu Erstellung eines sinnvollen Ganzen wichtig sein: S. 37

Die Auswahl und Priorisierung der Daten, Beobachtungen und Informationen aus dem Klientensystem verursachen oft Lernschwierigkeiten. Dann sind folgende Fragen hilfreich:

- Was ist wichtig, und was ist im Moment nicht relevant?

- Welche Bedeutung hat das beobachtete Phänomen für das System?

- Was kommt zuerst? Was danach?

- Was beobachte ich? Was schliesse ich aus? Was habe ich übersehen?

- Wie entwickle ich daraus eine wirksame Intervention?

Wie kann gewährleistet werden, dass sich d. Schüler an das Konzept hält!?

Zum Erlernen der fallbezogenen Konzeptbildung haben sich die folgenden Schritte bewährt:

1. Ständige Auftragsorientierung:

Die Trainee wird in der Reflexion immer wieder nach dem Auftrag gefragt. Der Auftrag gibt die Ausrichtung und das Ziel vor und dient gleichsam als Kompass in der Beratung.

2. Zusammenfügen von theoretischem Wissen und Erfahrungen:

Die Trainee erklärt auftretende Phänomene und Beobachtungen anhand von Theorien und/oder Handlungswissen und stellt die Erklärungen in Bezug zum Auftrag und zur Zielerreichung.

– Sicherstellt d. Nutz theoretischen Wissens als Basis für den Transfer

3. Das Erkennen von Mustern im System bzw. bei Kundinnen:

Hinderliche und förderliche Muster zeigen sich bei Personen und in Systemen durch Wiederholungen. Sie zu verändern bzw. sie für Veränderungen zu nutzen, ist meist Teil eines Beratungsauftrages – Beratung beinhaltet ja immer einen Veränderungsauftrag. Hilfreiche Fragen für die Mustererkennung sind zum Beispiel:

Ihr Vertrag aufführen!

Welche Phänomene sind mit starken Emotionen und Energien begleitet?

Was wiederholt sich?

Was zeigt sich besonders ausgeprägt?

Was fehlt? Was müsste auftreten und ist nicht vorhanden?

4. Einbezug der eigenen Verfassung und Wahrnehmung:

Für die Trainee geht es zum einen darum, sich selbst in schwierigen Beratungssituationen arbeitsfähig zu erhalten. Zum anderen ist es wichtig, dass Interventionen im verbalen und nonverbalen Ausdruck kongruent geäussert werden. Darum müssen die aus der fallbezogenen Konzeptbildung entwickelten Interventionen für die Trainee sowohl professionell als auch emotional kongruent sein. Es geht dabei zum Beispiel um die Selbstführung in der Beratungssituation, um die Regulation von Emotionen und den Umgang mit Unsicherheit.

Zieht man systemische Beratungsansätze heran, so ist die Beraterin als Beobachterin Teil des Kundensystems und damit auch Teil der Lösung. Das In-Bezug-Setzen der eigenen Person und ihres Handelns mit der Beratungssituation gehört zur fachlichen Konzeptbildung.

5. Die eigene Wirksamkeit erfahren:

Für die Trainee ist die Erfahrung wichtig, dass das eigene Handeln in der Beratung wirksam ist. Darin besteht die positive Bestätigung und der in die Praxis umgesetzte Lernerfolg. Die Trainee gewinnt an Sicherheit und Autonomie in der Beratung.

6. Wiederholung und Training:

Je mehr Beratungssituationen die Trainee durchlaufen hat, desto schneller und präziser wird sie in der fachlichen Konzeptbildung. Wie bei jeder sportlichen, musischen oder handwerklichen Tätigkeit nehmen mit zunehmendem Training die Routine und die Wiederholbarkeit von guten Leistungen zu.

Die fachliche Konzeptbildung ist also eine komplexe fortlaufende Tätigkeit in der Beratung.

Die Rolle und das Rollenverhalten

Manche Leserinnen und Leser mögen sich wundern, dass die Berufsrolle in diesem Buch bis jetzt nicht explizit erwähnt worden ist, sondern das Lernen und die fachliche Konzeptbildung im Vordergrund stehen. Dies, obwohl in der Literatur häufig vom Erlernen einer Berufsrolle gesprochen wird. Zum Beispiel schreibt Fox: «Lehrsupervision ist eine Ausbildungssupervision. Ziel ist das Erlernen einer weiteren und neuen Berufsrolle: die der Supervisorin» (Renata Fox, DGSv-aktuell 1.98, S.1). Das Erlernen der Berufsrolle geschieht über das Erlernen der fachlichen Konzeptbildung und eines kontextbezogenen professionellen Verhaltens. Folglich ist eine adäquate Rollengestaltung u.a. die Folge einer fachlichen Konzeptbildung der Trainees.

Adäquates Rollenverhalten drückt sich als Summe von personalen Fähigkeiten und von Handlungskompetenzen aus. Aus diesem Grund ist es als ein Indikator für das Gelingen der fallbezogenen Konzeptbildung der Trainees zu betrachten.

In der Beratung bzw. Lehr- und Ausbildungssupervision ist die Rolle die Summe von Verhaltenserwartungen, die bei der Auftragsklärung verhandelt werden. Die Gestaltung der eigenen Rolle als Fachperson ist ein Indikator dafür, dass die professionellen Schlüsselkompetenzen erlernt und umgesetzt worden sind. Für die professionelle Besetzung der Berufsrolle sind umfassende Wissens- und persönliche Kompetenzen notwendig, welche die Beraterin oder Trainee in Handlungskonzepte integriert. Aus diesem Grund werden im nächsten Abschnitt die Lernzielstufen und die notwendigen Schlüsselkompetenzen und nicht die daraus resultierenden Rollenkompetenzen beschrieben. Adäquates Rollenverhalten und -management sind das Ergebnis des gesamten Lernprozesses in der Ausbildung, der für die Ausübung der Berufsrolle erforderlich ist.

Die Rolle definiert sich stark am Auftrag und den daraus resultierenden Rechten, Pflichten und der Handlungslegitimation. Insofern ist für das Erlernen der Berufsrolle die Auftrags- und Aufgabenorientierung zentral. Das Rollenverhalten ist immer auch stark kontextabhängig und kontextgebunden. Es braucht also auch Systemverständnis, dialogische Fähigkeiten, Sozial- und Selbstkompetenz sowie Know-how in der Prozessmoderation, damit die Rolle als wirksames Arbeitsinstrument erkannt und genutzt werden kann. Zudem ist das Rollenverhalten von gesellschaftlich und kulturell geprägten Mustern abhängig. Aus diesem Grund sind Lerninhalte wie Gender Mainstreaming und Umgang mit Unterschieden und Machtungleichheit innerhalb der Ausbildung ein Muss.

Lernaufgaben zum Rollenmanagement

Um adäquates und professionell differenziertes Rollenverhalten zu lernen, sind Trainingssequenzen in der Ausbildungsgruppe, bei denen die Trainees in der Praxisausbildung verschiedene Rollen einnehmen, hilfreich, wie zum Beispiel ein Beratungsauftrag, der zu zweit oder in einer kleinen Beratergruppe ausgeführt werden muss, Aufträge in Lerngruppen, Rollenspiele usw.

Das gemeinsame Absprechen von Aufgaben und die Umsetzung mit den Kundinnen führen die Trainees schnell zu einem reflexiven Austausch über ihre Rolle, den Arbeitsbeitrag, die fallbezogene Konzeptbildung und die Wirkung der Trainingsgruppe oder Einzelner bei den Kundinnen.

39

Die soziale Rolle Frau/Mann in der Beratung

Die soziale Rolle als Frau oder Mann sollte immer auch Teil der Reflexion sein.

Die enge Verknüpfung von Berufsrolle und sozialer Geschlechterrolle ist in der Lehr- und Ausbildungssupervision ein häufiges Thema. Die eigene Identität als Frau oder Mann bildet die Grundlage für das professionelle Rollenmanagement im Beruf. Wir werden auch im beruflichen Kontext immer in den sozialen Rollen Frau/Mann wahrgenommen und angesprochen.

Das folgende Beispiel aus einer Ausbildungssupervision zeigt, welche Rolle das Geschlecht im Beruf spielen und welche Probleme damit verbunden sein können:

» Die Trainee fühlt sich als Praktikantin von einem Jugendlichen in der Wohngruppe in ihrer Privatsphäre belästigt. Er versucht, sie in eine kumpelhafte Beziehung zu verstricken. Er fragt sie, ob sie einen Freund hätte, und sagt, dass er sie sehr attraktiv finde und gerne in der Freizeit etwas mit ihr unternehmen würde. Sie erzählt dies in der Ausbildungssupervision und berichtet, wie sie reagiert bzw. geantwortet hat: «Mir gefällt nicht, dass du so vertraulich mit mir sprichst. Ich möchte das nicht mehr.» Die Trainee erhält Rückmeldungen der Gruppenmitglieder zu ihrer Reaktion. Die Trainee ist mit ihrer Antwort nicht zufrieden, weiss aber nicht, was sie anders machen könnte. Die Trainerin fragt die Trainee nach ihrem Auftrag: Sie soll den Jugendlichen bei den Schulaufgaben unterstützen. Die Trainerin fordert sie auf, ihre Antwort an den Jugendlichen auftragsbezogen zu formulieren. Nach längerem Suchen und mehreren Versuchen formuliert sie: «Das gehört nicht hierher und nicht in unsere Arbeitsbeziehung. Meine Aufgabe ist es, mit dir die Schulaufgaben zu machen. Und deine Aufgabe ist es, dich darauf zu konzentrieren.» Die Trainee und die Gruppe suchen noch weitere Varianten und testen diese im Rollenspiel. «

Die erste Reaktion der Trainee ist einem persönlichen Rollenanteil zuzuordnen und wirkt zu wenig professionell. Die neu formulierte Handlungsmöglichkeit stellt den Auftrag ins Zentrum. Mit der Einübung einer kongruenten nonverbalen Kommunikation wirkt das Verhalten professionell. Damit ändert sich auch das Befinden der Trainee. Durch die Reflexion der Situation und des Verhaltens kann sie ihre Rolle managen und die eigene Handlung ihrem Auftrag entsprechend steuern, sich also arbeitsfähig halten. In der Folge ist davon auszugehen, dass ihre Intervention an Überzeugungskraft gegenüber dem Jugendlichen zunimmt. Wichtig ist, dass Berufsanfängerinnen alle Lernzielstufen (siehe unten) durchlaufen, damit der Lernerfolg verstanden und langfristig gewährleistet ist.

Das Beispiel zeigt auch, dass die Möglichkeiten des Lernens durch die fallbezogene Konzeptbildung sowohl für die Trainee als auch die Gruppe noch weiter differenziert werden können.

Das heisst, dass die Reflexion

- des Kontextes

- des Auftrages

- der handlungsleitenden Grundannahmen

- der fachlichen Erklärung der Phänomene durch Theorien, Konzepte und Methoden

- der daraus entwickelten Interventionen

wie Puzzleteile zur fallbezogenen Konzeptbildung zusammengetragen, besprochen und das Handeln auf die neue Situation hin angepasst werden. Für die Umsetzung eines professionellen Rollenmanagements sind die Selbststeuerungsfähigkeiten eine Art Leitfunktion, um auch in schwierigen Beratungssituationen arbeitsfähig zu bleiben. Der Umgang mit Unsicherheit und das Herstellen von emotionaler Sicherheit ist gerade für Berufsanfänger ein wichtiges Thema. Darum ist in der Lehr- und Ausbildungssupervision die Einübung von reflexiven Kompetenzen Voraussetzung zur Selbstführung.

Ziel ist es, mit den Funktionen der Selbstführung die eigene professionelle und persönliche Rolle in verschiedenen Zusammenhängen adäquat zu managen und sie als Arbeitsinstrument in der Beratung zielgerichtet einsetzen zu können.

Die im Weiteren beschriebenen Lernzielstufen und Schlüsselkompetenzen sind die Grundlage für die wichtigsten Elemente zur Entwicklung der Fähigkeiten, mit denen die Trainee ein fallbezogenes Konzept bilden und zielgerichtet damit arbeiten kann.

Lernen auf verschiedenen Lernzielstufen

Wie die Lernprozesse innerhalb und ausserhalb der Lehr- und Ausbildungssupervision strukturiert und moderiert werden, hängt zu einem erheblichen Teil von der Vorstellung und der Grundannahme über das Lernen ab. Ziel der Lehr- und Ausbildungssupervision ist es, die Lernprozesse so zu gestalten, dass die Trainee fähig ist, das Berufshandwerk auszuüben – professionell zu denken und zu handeln. Hier erweisen sich die Lernzielstufen von Andreas Lenzen (vgl. Andreas Lenzen, 1998, S. 147ff) als ein hilfreiches Lernkonzept für die Trainerin wie auch die Trainee, da das Ziel, nämlich die Umsetzung einer erlernten beruflichen Handlung, im Mittelpunkt steht.

Lernzielstufen	Lernen durch... *gewährleistet durch Therapieplane*
Reproduktion Die einfache Wiedergabe des Gelernten (z.B. Bezeichnungen, Zahlen, Daten, Theorien). Der Wissensstoff muss auswendig gelernt und geübt werden.	Wiedergabe von Methoden, Arbeitsschritten und Lösungsansätzen in der Lehrsupervision, z.B. theoretisches Durchsprechen einer Beratungs- bzw. Klientensituation. Fragen: Erkennbar durch Wissensfragen (etwas aufzählen, benennen, bezeichnen).
Reorganisation Das Gelernte kann situationsspezifisch eingesetzt werden. Die Trainee kann einen Begriff, ein theoretisches Modell erklären und das Gelernte in einem anderen Kontext wiedergeben.	Anwendung von Gelerntem in Routinesituationen, z.B. Vertragsarbeit mit einer Kundin oder einem Klienten. Fragen: Erkennbar durch Verständnisfragen (Warum ist es so? Wieso zeigt es sich so?).
Transfer Das Gelernte kann auch auf neue Situationen und Gegebenheiten übertragen (transferiert) werden. Die Anwendungssituation ist im Unterricht noch nicht vorgekommen.	Anwendung von Gelerntem in sich verändernden Situationen, z.B. Vertragsarbeit in einem speziellen Konfliktfall innerhalb einer noch unbekannten Kundengruppe in einer Organisation. Fragen: Erkennbar durch Anwendungsfragen (Zusammenhänge in Beziehung mit den Kontextvariablen bringen: Wie stehen die Aspekte in einem Wirkzusammenhang?).

Problemlösendes Denken

Das gesammelte Wissen kann in neue Lösungskonzeptionen umgesetzt werden. Der Trainee hat die Zusammenhänge analysiert und durchschaut. Er zerlegt Modelle und Verfahren in deren Einzelaspekte und versteht die dahinter stehende Logik. Er bildet ein fachliches Konzept für die spezifische Situation.

Das Gelernte kann für neue kreative Lösungen in einer neuen Situation und Sachlage eingesetzt werden, z.B. Entwicklung eines neuen Konzeptes innerhalb einer Organisation.
Fragen: Erkennbar durch Analyse- und Synthesefragen (Analyse und Herleitung von fachlichen Begründungen; Alternativlösungen beschreiben und die Unterschiede darstellen lassen. Synthese bedeutet, neue Verbindungen knüpfen, etwas Neues hinzufügen bzw. weiterentwickeln).

Reflexion des Lernprozesses

und fachliche Begründung. Eigene Handlungen und das Handeln anderer in Bezug zum eigenen Erleben, Wahrnehmen, Handeln und Kontext setzen. Der Trainee kann das eigene Handeln einschätzen, bewerten und verändern.

Durch die Verbalisierung des Lernprozesses – wie wurde was gelernt – werden die einzelnen Lernschritte bewusst gemacht und das Lernen effizienter. Was erzählt, erlebt und erklärt werden kann, steht für eine Wiederholung in einer neuen Situation rascher und bewusster zur Verfügung.
Die Reflexion ist der Ausgangspunkt zur Veränderung des Verhaltens und Verbesserung des Lernens.
Fragen: Erkennbar durch Bewertungsfragen (Welches Ergebnis hat welche Bedeutung? Welche Folgen für die Beteiligten zeigen sich? Verallgemeinerungen prüfen, Werte und handlungsleitende Grundannahmen beschreiben lassen, nach fachlichen, logischen und ethischen Begründungen und Zusammenhängen fragen).

Tab. 3: Lernen auf verschiedenen Lernzielstufen (vgl.: Andreas Lenzen 1998), ergänzt und erweitert durch Astrid Hassler

> Lehr- und Ausbildungssupervision soll Trainees auf allen
> Lernzielstufen fordern und fördern.

In der Lehr- und Ausbildungssupervision besteht ein grosser Teil der Lernprozesse aus Handlungsorientiertem Lernen. Das bedeutet, dass der Trainee eine Handlung vollständig durchläuft und gestaltet. Problemlösungen für das eigene berufliche Handeln, für die eigene Berufspraxis sollten dem Trainee nicht vorgegeben werden; stattdessen erarbeitet und erprobt er eigene Lösungen (vgl. Andreas Lenzen, 1998, S. 61ff).

Handlungsorientiertes Lernen soll angeregt und unterstützt werden. Dazu bietet die Lehr- und Ausbildungssupervision den notwendigen Rahmen. Professionelle Beraterinnen bzw. Fachpersonen in medizinisch-sozialen Berufen arbeiten mit Kunden meist an der Erweiterung ihres Handlungsrepertoires und somit an Lernprozessen. Darum ist die Kenntnis, wie Lernen geschieht, eine wichtige professionelle Fähigkeit und Voraussetzung für die zukünftige Berufsarbeit.

Das Erreichen der letzten beiden Lernzielstufen ist somit für die Ausübung des Berufes erforderlich. Deshalb ist die Beschreibung des Zieles und des Ergebnisses der Lehr- und Ausbildungssupervision für diese Stufen besonders wichtig und sollte in einer Prüfung oder Beurteilung der Kompetenzen der Trainee berücksichtigt werden.

Beispiele für das Überprüfen von Lernzielen	Lernzielstufen
Überprüfen der Kompetenzen anhand einer schriftlichen theoretischen Abhandlung.	Die Lernzielstufen Reproduktion und Reorganisation werden besonders sichtbar. Alle anderen Lernzielstufen werden theoretisch beschrieben. Es bleibt offen, wie die Trainee im Beruf handelt und ob sie sich in ihrer Reflexion mit den Ereignissen in Beziehung setzt.
Die Trainee stellt ihre Kompetenzen anhand einer schriftlichen Falldarstellung und einer Videosequenz unter Beweis.	Hier können alle Lernzielstufen beobachtet werden. Allerdings lässt sich in diesem Setting gut über nicht erworbene Handlungskompetenzen hinweg täuschen; durch die Auswahl der Videosequenz lassen sich Lerndefizite verstecken.

blu: Falldarstellungen auf Therapeutenschaft

Die Trainee führt in Anwesenheit der Trainerin eine Live-Beratung durch (evtl. mit Videounterstützung). Im Anschluss wertet die Trainee die Beratung aus. Dies entspricht einer Situation, wie sie in einem Praktikum häufig vorkommt. Die Ausbilder beobachten die Trainee in realen Praxissituationen.	Die Lernzielstufen können unmittelbar in Echtzeit beobachtet werden. Allerdings kann die Trainerin erst durch die Reflexion und die fachlichen Begründungen der Trainee sowie durch gezieltes Nachfragen Klarheit darüber gewinnen, welche Lernzielstufen sie wirklich durchlaufen hat.

Tab. 4: Beispiele für das Überprüfen der Lernzielstufen

Handlungsorientiertes Lernen

Die Lernzielstufen und deren Überprüfung sollen schlussendlich zu einem vollständigen Durchlaufen von Handlungen, also zum Handlungsorientierten Lernen führen. Lenzen führt acht Komponenten für den Ablauf einer vollständigen Handlung auf (vgl. Andreas Lenzen, 1998).

Ich habe sie hier durch einen neunten Handlungsschritt ergänzt:

Handlungsschritt	Beispiel aus der Lehrsupervision
1. Handlungsmotivation Sie wird aus dem Erleben der Veränderungsbedürftigkeit einer Situation als Impuls wirksam.	Die Trainee entscheidet sich, ihre Unterlagen für die Präsentation ihres Beratungsangebotes zu verbessern. Der Handlungsbedarf entstand aus der Selbstreflexion und aus Rückmeldungen von Drittpersonen.
2. Situationswahrnehmung Durch sie wird die Ausgangslage einer Situation genauer erfasst.	Die Trainee untersucht Wirkungen in Bezug auf: – ihr persönliches Auftreten und Rollenbewusstsein als Beraterin – Kundenbedürfnisse – Präsentationsunterlagen bei Kundinnen.
3. Handlungsplan Konkrete Ziele werden gesetzt, die notwendigen Mittel zur Zielerreichung bestimmt und ein Handlungskonzept erstellt.	Die Trainee setzt sich das Ziel, einen Marketingplan für ihre Firma zu entwickeln. Konkrete Probleme und Hindernisse bei der Umsetzung werden festgestellt und mögliche Lösungsschritte besprochen.

4. Handlungsentscheidung

Liegen mehrere Möglichkeiten vor, ist eine Handlungsentscheidung nach erklärbaren und begründbaren Kriterien notwendig.

Die Trainee entscheidet sich aufgrund vorher festgelegter Kriterien für die Umsetzung des Marketingkonzeptes innerhalb einer bestimmten Zeitspanne.

5. Handlungsprozess

Die gesetzten Ziele werden durch geistige und körperliche Aktivitäten «tatsächlich» angestrebt und bearbeitet.

Die Trainee beginnt mit der Umsetzung. Sie bespricht konkrete Teilschritte mit der Trainerin.

6. Handlungsergebnis

Die Handlung ergibt ein symbolisches oder materielles (Handlungs-)Produkt.

In der konkreten Umsetzung bekommt die Trainee bereits erste Reaktionen von Kolleginnen und Kunden. Dadurch erfährt sie u. a. die Wirksamkeit ihrer Handlungen.

7. Handlungskontrolle

Das Handlungsergebnis wird auf seine Tauglichkeit (Funktionstüchtigkeit) überprüft.

Durch das Handeln erfährt die Trainee, ob ihr Marketingkonzept für ihre Firma und ihr persönliches Beraterinnenprofil geeignet ist.

8. Handlungsbewertung

Es erfolgt ein rückkoppelnder Vergleich zwischen erstelltem Produkt und gesetztem Ziel. Der Handlungsablauf wird abgeschlossen – oder bei Bedarf eine neue Handlungssequenz zur Verbesserung des Ergebnisses eingeleitet.

Die Einführung des Marketingkonzeptes wird aufgrund der zu Beginn gesetzten Ziele bewertet. Die Ergebnisse werden in Bezug auf:
– persönliches Auftreten und Rollenbewusstsein als Beraterin
– Kundenbedürfnisse
– Wirkung der Präsentationsunterlagen auf Kundinnen
– Kosten und Nutzen des Marketingkonzeptes
ausgewertet und Optimierungen erarbeitet.

9. Reflexion des Lernprozesses

Zum einen erlaubt die Reflexion des Umgangs mit Lernhemmnissen, Gefühlen und Haltungen im Lernprozess der Trainee in einem nächsten ähnlichen Prozess ein effizienteres Lernen. Zum anderen nützt der Trainee in seiner Rolle als Fachperson dieses Wissen in der Begleitung der Kundinnen bei einem ähnlichen Lernprozess.

Hier geht es um die Reflexion von Prozessen der Trainee, d.h. sie setzt sich während der Erarbeitung des Marketingkonzeptes selbst in Beziehung zu Ereignissen, Erkenntnissen, Entscheidungen, Emotionen und Handlungen. Daraus leitet sie die Verbesserungen für ihren weiteren Lernprozess ab.

Tab. 5: Handlungsorientiertes Lernen (vgl. Andreas Lenzen, 1998, S. 61ff), ergänzt und erweitert durch Astrid Hassler

Die Lernzielstufen und das Handlungsorientierte Lernen dienen als roter Faden für das professionelle Handeln und für Interventionen in der Lehr- und Ausbildungssupervision. Handeln und Intervenieren ist folglich geplant, zielgerichtet und fachlich begründbar; dadurch kann es auch überprüft und verbessert werden. Das Begründen der Intervention zeigt, wie theoretisches und handlungsorientiertes Wissen miteinander verknüpft sind und in der konkreten Situation zur Anwendung kommen. Der Trainee lernt dies im Durchlaufen der neun Schritte in der Lehr- und Ausbildungssupervision. Für den Trainer ist der Lernprozess des Trainee durch die Struktur der neun Schritte einfacher zu erkennen, zu moderieren und zu überprüfen, wenn der Trainee die einzelnen Schritte fachlich begründen muss.

Lernmethoden in der Lehr- und Ausbildungssupervision

In der Lehr- und Ausbildungssupervision werden verschiedene Methoden aus der Beratung mit Konzepten der Agogik kombiniert und angewendet. Trainees lernen dadurch einerseits verschiedene Methoden kennen, die sie in ihrer eigenen Tätigkeit nutzen können. Andererseits dienen die Methoden der Trainerin dazu, das Lernen auf allen Lernzielstufen zu fördern und zu fordern bzw. zu erkennen. Auch der Lernprozess mit den einzelnen Methoden wird zum Lerninhalt.

Das übergeordnete Ziel besteht darin, dass der Trainee das Erlernte in verschiedenen Situationen zielgerichtet und adäquat anwenden und sein Vorgehen fachlich begründen kann, also ein eigenes fallbezogenes Konzept bildet. Die fachliche

Begründung ist zentral für die Überprüfung des Lernprozesses durch die Trainerin. So wird erkennbar, welches fachliche Konzept der Trainee für das Fallbeispiel gebildet hat, in welcher Grundhaltung er die Interventionen ausführt und nach welchen Ordnungsprinzipien er sich dabei richtet. Durch gezieltes Nachfragen erfährt die Trainerin, welche Handlungsoptionen der Trainee in Erwägung gezogen hat und wo evtl. Widerstände oder Fehleinschätzungen bestanden. Dies ist neben der Beobachtung des professionellen Handelns in Beratungssituationen die wichtigste Form, um die Fachkompetenz des Trainee einzuschätzen und zu beurteilen.

Lernmethoden und -modelle sind das Vehikel, mit dem das Ziel einer professionell begründbaren Handlungskompetenz der Trainee erreicht wird, vorausgesetzt, man nutzt es und weiss, wie es zu bedienen ist. Für Lernmethoden und Lernmodelle heisst das: Sie sind dann am wirkungsvollsten, wenn die Lernzielstufen durchlaufen werden und das Erreichen des vereinbarten Lernergebnisses im Mittelpunkt der gemeinsamen Arbeit steht.

Beispiele von Lernmethoden:

Lernprotokoll

Die Struktur des Lernprotokolls kann je nach Zielsetzung vorgegeben oder frei gestaltet werden. Beschrieben werden einzelne Arbeitssequenzen oder längere Prozesse. Das Lernprotokoll kann in der Sitzung besprochen werden. Die Art, wie sich jemand in Bezug auf den Prozess selbst reflektiert, lässt sich gut herauslesen.

Lerntagebuch

Ein Lerntagebuch kann der Trainee während der gesamten Ausbildung führen. Ziel ist es, durch die schriftliche Beschreibung Lernergebnisse langfristig zu verankern.

Fallbeispiele

Fallbeispiele stehen meist im Zentrum der Lehr- und Ausbildungssupervision. Dabei sind alle möglichen Vorgehensweisen von Nutzen: z.B. schriftlich vorbereiten, Szenarien durchspielen, Methoden im Rollenspiel ausprobieren (u.a. Systemaufstellungen). Anhand von Fallbeispielen lässt sich die fallbezogene Konzeptbildung sehr gut trainieren.

Lernpartnerschaften

Lerninhalte werden in Gruppen von zwei bis sechs Personen bearbeitet. Die Gruppe kann Aufgaben erhalten oder sich selbst Lernaufgaben stellen. Die Zweiergruppe eignet sich besonders gut für Feedbackgespräche über den Entwicklungs- und Lernprozess in der Ausbildung.

Rollenspiele

Rollenspiele in verschiedenen Konstellationen und Rollen sind das «Trockentraining für den Ernstfall», die Arbeit mit Kundinnen bzw. Klienten. In der Gruppe kann sich die Trainee in der Rolle der Trainerin versuchen. Verschiedene schwierige Beratungssituationen können gespielt und Interventionen eingeübt werden.

Peer-Gruppen

Peer-Gruppen eignen sich, damit die Trainees ihr Wissen untereinander abrufen und nutzen können. Die Reflexion über die Dynamik in der Gruppe kann ein weiteres Lernfeld eröffnen.

Live-Beratung

In Live-Beratungen kann der Trainer die fachliche Kompetenz der Trainee am besten beobachten. Das Erstellen und Verhandeln der Spielregeln für die Live-Beratung ist ein weiteres Übungsfeld.

Videoarbeit

Videoarbeit kann verschieden gestaltet werden: Der Trainee bringt ein Videodokument aus der eigenen Praxis mit; Trainingseinheiten wie z.B. Rollenspiele in der Lerngruppe werden gefilmt und besprochen. Das Video zeigt dem Trainee, wie er in verschiedenen Situationen wirkt und wirksam ist. Dies ist oft effizienter als das Feedback des Trainers.

Prüfung

Jede Art von mündlicher oder schriftlicher Prüfung erhöht die Lerneffizienz, sofern die Aufgabenstellung gut durchdacht ist und gezielt gestellt wird.

Tab. 6:   Beispiele von Lernmethoden

Die Lernzielstufen und das Handlungsorientierte Lernen geben dem Trainee und dem Trainer einen Leitfaden für die Moderation der Lernprozesse. Die Schlüsselkompetenzen haben sich dabei als sinnvolles und nützliches Instrumentarium für das Lernen erwiesen. Die einzelnen Lerninhalte sind die Bausteine, die Schlüsselkompetenzen der Kitt für die fachliche Konzeptbildung. Durch die Beschreibung der Schlüsselkompetenzen für den Beruf lässt sich das Lernkonzept einfacher verschiedenen Berufsprofilen innerhalb der Lehrsupervision oder der Ausbildungssupervision anpassen.

Die Schlüsselkompetenzen

Ein Lehrkonzept bildet einen wichtigen Rahmen für das Lernen und die Moderation des Lernprozesses durch die Trainer, die diesen Lernprozess fördern sollen.

Das Lernen des Trainees in der Ausbildung und die Konfrontationen durch den Trainer brauchen einen Rahmen und ein fachliches Lehrkonzept. Sind weder Rahmen noch Lehrkonzept vorhanden, werden die Interventionen beliebig. Unter Umständen führen sie zu Kränkungen und Missverständnissen anstatt zu den gewünschten Lernergebnissen und hemmen dadurch den Lernprozess. Mit einem Lehrkonzept lassen sich zum Beispiel das Mass der Bearbeitungstiefe und der Emotionen leiten und begründen.

Den nötigen fachlichen Rahmen für das Lehrkonzept liefern die Schlüsselkompetenzen. Sie können als Kompetenzbeschreibung oder zur Arbeit mit Lernzielen genutzt werden und entsprechen damit auch den Anforderungen einer modernen Didaktik und sich verändernder Berufsbilder.

Die Schlüsselkompetenzen dienen der anschaulichen Umschreibung der zu erreichenden Fähigkeiten, welche für die Berufsausübung notwendig sind. Auf diese Weise können auch die einmal erworbenen Berufsqualifikationen erhalten bleiben und müssen nur den veränderten Anforderungen angepasst werden. (vgl. Andreas Lenzen, 1998, Seite 30). Trainees können so für die sich verändernden Auftragsformen in der Beratung adäquat ausgebildet werden. Die Konzentration auf Schlüsselkompetenzen ermöglicht es der Trainerin, ihre fachliche Konzeptbildung für die verschiedenen Berufsausbildungen wie Organisationsentwicklung, Supervision etc. anzupassen. Die Konzentration auf Schlüsselkompetenzen dient der Trainerin somit als übergeordnetes Lehrkonzept und kann von ihr in der Ausbildungssupervision verschiedenen Berufsausbildungen angepasst werden.

Schlüsselkompetenzen im veränderten Berufsfeld

Schlüsselkompetenzen werden in der Beratung bzw. der Ausbildung immer wichtiger, umso mehr als sich Beratung in den letzten Jahren stark verändert hat. Es gibt immer häufiger Mischaufträge, z.B. Organisationsentwicklung mit Weiterbildung für das Management und Coaching, Projektberatung und Schulungen bzw. Coaching oder Schulungen mit Fallsupervisionen etc. Sogenannt klassische Supervisionen und Organisationsentwicklungsaufträge nach ursprünglichen Konzepten sind seltener geworden. Dies gilt auch für die Beratung in sozialen und medizinischen Arbeitsfeldern. Es gibt immer häufiger Aufträge, die Kompetenzen aus den Bereichen Organisationsentwicklung, Coaching, Supervision und Bildung und/oder Fachberatung erfordern. Es geht also weniger um eng umschriebene Fachkompetenzen als Supervisorin, Coach oder Fachperson im sozialen oder medizinischen Arbeitsfeld als vielmehr um das Erler-nen von professionellem Handeln in verschiedenen Auftrags- und Beratungsformen. In vielen anderen Berufen zeigt sich eine ähnliche Tendenz, was in den Grundausbildungen, in denen Ausbildungssupervision praktiziert wird, deutlich wird.

Für die Lehr- und Ausbildungssupervision bedeutet dies, dass die Trainees die Schlüsselkompetenzen bis zum Abschluss der Ausbildung erworben haben sollten und den fachlichen Nachweis dafür erbringen können. Zudem können die Trainerinnen und das Ausbildungsinstitut aus den Schlüsselkompetenzen eine Beurteilungsgrundlage ableiten. Sie beschreiben das Lernergebnis der Trainees, also die Wirkung im Sinne einer Handlungskompetenz, die am Ende der Ausbildung eingetreten sein soll. Sie dienen auch als Grundlage für die Überprüfung und/oder Prüfung. Das Konzept der Schlüsselkompetenzen ermöglicht es, Personen für verschiedene Beratungsformen professionell auszubilden und die Kompetenzen zu überprüfen, unabhängig davon, in welcher Art der Beratung sie tätig sind.

Aufgabe des Ausbildungsinstitutes ist es, die Schlüsselkompetenzen so zu beschreiben, dass sie der entsprechenden Ausbildung angepasst sind und die einzelnen Kompetenzbereiche mit den spezifischen Ausbildungsinhalten unterlegt werden können.

Nachfolgend werden die Schlüsselkompetenzen für die Beratung und ihr Zusammenhang mit den Lernzielen beschrieben.

Als Beispiel dienen einige allgemeine Schlüsselkompetenzen für Berater im Bereich Organisationsentwicklung, Supervision und Coaching. Für die Lehr- oder Ausbildungssupervision in einer sozialen oder medizinischen Aus- oder Weiterbildung sollen sie dem Berufsbild und dem Ausbildungskonzept entsprechend ausdifferenziert werden.

Schlüsselkompetenzen für Beratung

Die unten beschriebenen fünf Schlüsselkompetenzen eignen sich für die drei Beratungsprofile in Organisationsentwicklung, Supervision und Coaching. Die Erfahrung zeigt, dass viele Lehrsupervisoren Trainees aus verschiedenen Ausbildungsinstituten trainieren. In der Einzel-Lehrsupervision kann es vorkommen, dass eine Trainee die Ausbildung in Supervision und Coaching absolviert und eine andere in Organisationsentwicklung und Coaching. Die Beschreibung der Schlüsselkompetenzen unterstützt die Trainerin in ihrer fachlichen Konzeptbildung und gibt ihr zugleich den Rahmen für ein Lehrkonzept, falls das Ausbildungsinstitut keine näheren Angaben dazu macht.

Schlüsselkompetenzen

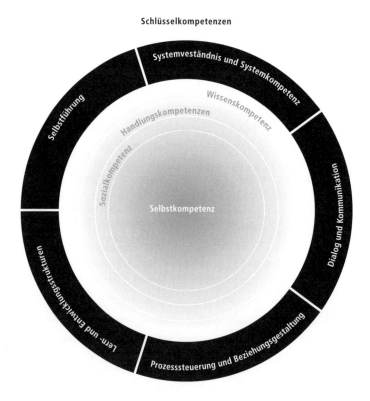

Abb. 5:   Die Schlüsselkompetenzen für Beratung im Bereich Organisationsentwicklung, Supervision und Coaching

Die fünf Schlüsselkompetenzen nach Käufer, Scharmer, Versteegen (2002) sind von mir speziell für die Lehrsupervision ausformuliert und zusätzlich mit den vier Kompetenzbereichen Wissens-, Handlungs-, Sozial- und Selbstkompetenz unterlegt worden.

Systemverständnis und Systemkompetenz

Systemverständnis, Systemdenken und Systemkompetenz ermöglichen den Akteuren innerhalb von Systemen, die kausalen Faktoren, die die Handlungen dieses Systems bestimmen, zu identifizieren und das eigene Handeln in einen sinnvollen Zusammenhang dazu zu stellen.

Zum Beispiel:

- Die Trainee kann die Struktur, Logik und Dynamik eines Systems erfassen, analysieren und Arbeitshypothesen entwickeln.
- Sie kann Auftrag, Zielsetzung und Rolle in Bezug zum System gestalten und als Intervention nutzen.
- Sie kann Phänomene und Muster in Systemen erkennen, erklären und zielorientierte Interventionen durchführen.

Dialog und Kommunikation

Dialog ist die Fähigkeit, im Gespräch miteinander nachzudenken und danach zu handeln. Sie befähigt Einzelpersonen und Teams, die Realität zu erkennen, Vorurteile zurückzuhalten und Annahmen und Modelle, die dem eigenen Denken zugrunde liegen, wahrzunehmen, zu reflektieren und zu verändern. Die Fähigkeit zum Dialog lässt verschiedene Kommunikationsstile zu und schafft Anschluss an Kundensysteme. Lernen geschieht im Dialog.

Zum Beispiel:

- Der Trainee kann das Kundensystem dazu führen, eigene Denkmuster und Haltungen zu reflektieren und zu verändern.
- Er kann eine vertraglich vereinbarte Bearbeitungstiefe der Themen im Kundensystem herbeiführen.
- Er kann Beteiligte in Konfliktsituationen zum Dialog miteinander bestärken und zu gemeinsamen Konfliktlösungen führen.

Prozesssteuerung und Beziehungsgestaltung

Mit Prozesssteuerung und Beziehungsgestaltung werden Arbeitsbeziehungen als Lernbeziehungen angelegt mit dem Ziel, andere und sich selbst in Problemlösungsprozessen zu unterstützen. Konkret geht es um die Prozessmoderation und Prozesssteuerung in der Beratung.

Zum Beispiel:

- Der Trainee kann Beratungsprozesse mittels Strukturen und Moderation entsprechend dem Auftrag zu Ergebnissen führen.
- Er kann in Konflikten und Problemlösungsprozessen im Beratungsprozess mit strukturellen Anpassungen intervenieren und dadurch aktiv auf Beziehungen im System Einfluss nehmen.
- Er kann in der Auftragsverhandlung das Design, das Setting und den Prozess der Beratung zielgerichtet gestalten und anpassen.

Lern- und Entwicklungsstrukturen

Gruppen, Netzwerke oder Gemeinschaften entwickeln parallel zur formalen Organisation lernende Infrastrukturen. Das können zum Beispiel Zusammenkünfte sein, an denen über verschiedene Themen diskutiert wird, Wissensaustausch über E-Mail usw. Beratung bedeutet immer auch, soziale Systeme in Lern- und Entwicklungsprozessen durch entsprechende Strukturen zu unterstützen.

Zum Beispiel:

- Die Trainee erkennt fehlende Lernstrukturen im sozialen System und kann diese mit dem Kundensystem kulturkonform entwickeln.
- Sie kann das Klientensystem zu nachhaltigem, permanentem Lernen führen und die dazu notwendigen Strukturen in der Beratung schaffen.
- Sie führt Entscheidungen in Veränderungsprozessen im Kundensystem herbei.

Selbstführung

Grundlegende Veränderungsprozesse sind immer mit signifikanten Umwälzungen bei den Beteiligten verbunden. Mittels Selbstreflexion kann der Ursprung der eigenen Motivation, des Willens und der Verbindlichkeit erforscht werden: Was ist mir wirklich wichtig? Was möchte ich in der Welt tun?

Mittels Selbstführung kann man sich selbst strukturieren, damit die Arbeitsfähigkeit und Selbstwirksamkeit selbst in schwierigen Situationen aufrechterhalten bleibt. Dazu braucht es u.a. Offenheit für Instabilität und Unsicherheit, Regulation der eigenen Emotionen, Selbstlern-, Selbsterhaltungs- und Selbststeuerungsfunktionen.

Zum Beispiel:

- Die Trainee ist in der Lage, auch in sozialen Systemen oder in Konfliktsituationen arbeitsfähig und wirksam zu bleiben.
- In Situationen, in denen sie von Kundinnen in einen Konflikt verstrickt wird, kann sie ihre Rolle als Arbeitsinstrument und zur Klärung nutzen.
- Sie kann ihr eigenes Lernkonzept und Lernergebnis während und nach der Beratung reflektieren, zu sich selbst in Bezug setzen und verändern.

vgl. Katrin Käufer, Claus Otto Scharmer, Ursula Versteegen, Profile 3.2002. Erweitert und ergänzt von Astrid Hassler.

Tab. 7:   Die Schlüsselkompetenzen für Beratung

Schlüsselkompetenzen und Lernziele

Zu jeder Schlüsselkompetenz lassen sich Lernziele differenzieren. In der Lehr- und Ausbildungssupervision ist die Arbeit mit Lernzielen ein transparentes Arbeitsmittel, um das Lernergebnis zu überprüfen bzw. zu beurteilen. Das geht über die Festlegung von Standardanforderungen für das Erlernen von Beratung, wie es bereits viele gibt, hinaus. Eine ungenau formulierte bzw. allgemeine Anforderung (wie zum Beispiel «Der Berater kann zuhören») sagt wenig über die besonderen Beratungsfähigkeiten bzw. Kompetenzen der Fachperson aus und bringt keine Markt- oder Qualitätsvorteile. Nur mit differenzierten Anforderungen bzw. Schlüsselkompetenzen lassen sich überdurchschnittliche Ergebnisse in der Beratung bzw. der Ausbildung erreichen.

Schlüsselkompetenzen sind ein Instrument, das verschieden angewendet werden kann. Es dient der Lernzielformulierung, dem kollegialen Feedback, der Selbst- und Fremdeinschätzung oder für eine Beurteilung im Praxisteil der Ausbildung. Schlüsselkompetenzen eignen sich als Leitfaden: für die Trainerin, damit sie die Kompetenzen der Trainee einschätzen und umfassend beurteilen kann, für die Trainees als Instrument zum Lernen und zum Erreichen ihrer Lernziele.

Das Ausbildungsinstitut formuliert die Schlüsselkompetenzen gemäss seinem Berufs- und Beratungsverständnis, seinen Theorien und Methoden. Wie unterschiedlich die Kompetenzen je nach Berufsrichtung gewichtet werden, zeigt das folgende Beispiel anhand der Schlüsselkompetenz Systemverständnis:

Systemverständnis
Die Trainee kann die Logik und Dynamik eines Systems erfassen, analysieren und Arbeitshypothesen entwickeln.

≪ Für einen Trainee in der Ausbildung für Organisationsentwicklung geht es bei dieser Schlüsselkompetenz hauptsächlich darum, Organisationen, Abteilungen und Teams als soziale Systeme zu erfassen. Strukturen, Logik, Dynamik und Kooperation werden von den speziellen Gestaltungselementen, von strukturellen und kulturellen Elementen einer Organisation beeinflusst.

Für eine Sozialarbeiterin in Ausbildung kann diese Schlüsselkompetenz zum Beispiel das Verständnis von Familiensystemen und -dynamiken

beinhalten. Die Logik, Dynamik und Kooperation werden von den Gestaltungselementen der Bluts- und Familienbande beeinflusst.

Bei den Berufsgruppen wird der Kontext des Systems einbezogen und
entsprechend unterschiedliche Kontextvariablen formuliert. »

Die Kompetenzbereiche

Jede Schlüsselkompetenz erfordert Kenntnisse, Fähigkeiten und Handlungskompetenzen, die im Detail zu beschreiben sind. Dadurch wird für die Trainer und die Trainees
das Lernergebnis, das in der Ausbildung erreicht werden soll, konkret und differenziert
dargestellt.

Die Kompetenzbereiche lassen sich wie folgt ordnen:

Wissenskompetenz
> Fachwissen, theoretische Erklärungsmodelle

Handlungskompetenz
> Aus der Vielfalt von Methoden die richtige zum richtigen Zeitpunkt
> auswählen und anwenden können

Sozialkompetenz
> Kommunikationsgestaltung, Beziehungs- und Anschlussfähigkeit sowie
> Kooperation

Selbstkompetenz
> Selbstführung, Fähigkeit, den eigenen Lernprozess zu gestalten,
> Belastbarkeit, Reflexionskompetenz, Emotionsregulation, Erhaltung der
> Arbeitsfähigkeit

Diese vier Kompetenzbereiche sind den jeweiligen Schlüsselkompetenzen unterlegt.

Kompetenzbereiche

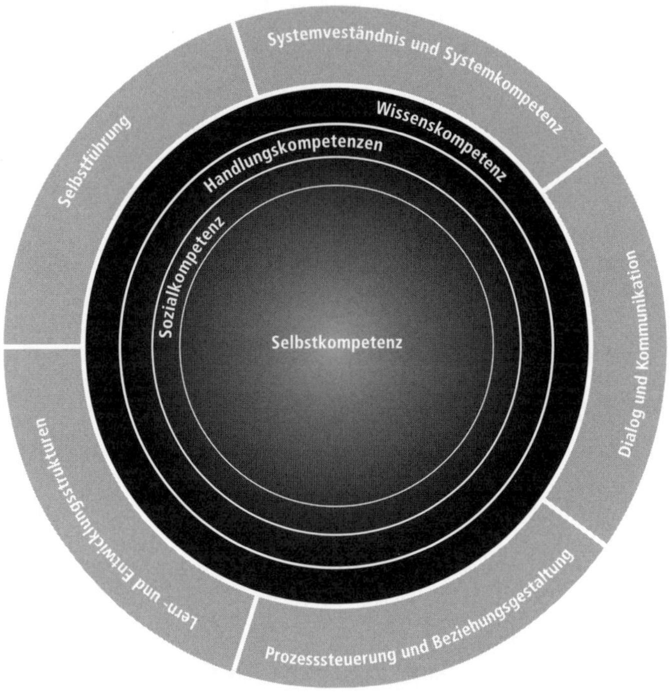

Abb. 6: Die vier Kompetenzbereiche

Die Schlüsselkompetenzen und Lernziele für Beratung im Bereich Organisationsentwicklung, Supervision und Coaching

Die folgenden Beispiele von Schlüsselkompetenzen und Kompetenzbereichen für die Ausbildung Organisationsentwicklung, Supervision und Coaching zeigen, wie sie als Lernziele formuliert werden können.

Schlüsselkompetenz
Systemverständnis/Systemkompetenz

Wissenskompetenz

Die Trainee kennt verschiedene Konzepte und Instrumente, um Systeme zu analysieren und Systemvorgänge zu erklären.

Sie kann Theorien und Konzepte zur Führung von Veränderungsprozessen beschreiben.

Sie kann Logik und Muster in Systemen erkennen, beschreiben und Arbeitshypothesen ableiten.

Handlungskompetenz

Die Trainee kann die verschiedenen Konzepte und Theorien fachlich adäquat nutzen.

Sie kann durch Rollen- und Auftragsklärung den Beratungsauftrag gestalten und ihr Rollenverhalten variabel als Intervention einsetzen.

Sie kennt verschiedene Interventionstechniken in Systemen, kann sie anwenden und fachlich begründen.

Sie kann Prozesse in Systemen gestalten und moderieren und zu vereinbarten Ergebnissen führen.

Sozialkompetenz

Die Trainee kann sich selbst in Beziehung zu Systemen setzen.

Sie kann Parallelprozesse und Übertragung in Systemen erkennen und für das System beeinflussbar machen.

Sie kann ihre Rolle in verschiedenen Settings auftragsbezogen und kontextbezogen gestalten.

Sie ist in verschiedenen Arbeitsfeldern, Kulturen und Systemen anschluss- und dialogfähig.

Selbstkompetenz

Die Trainee reflektiert die eigene Haltung und das Wertesystem in Bezug zum sozialen System.

Sie ist in der Lage, auch in Konfliktsituationen ihre Arbeitsfähigkeit zu erhalten bzw. wieder herzustellen.

Schlüsselkompetenz
Dialog und Kommunikation

Wissenskompetenz

Der Trainee kennt Konzepte der Kommunikation und des Lernens in Organisationen und sozialen Systemen.
Er kann verschiedene Organisations- und Lernkulturen erfassen und dazu theoretische Erklärungen geben.

Handlungskompetenz

Der Trainee kann verschiedene Interventionstechniken gezielt und fachlich begründet einsetzen.
Er handelt grundsätzlich auftragsorientiert und getreu der Berufsethik.
Er kann in der Beratung Ergebnisse und Entscheidungen herbeiführen.

Sozialkompetenz

Der Trainee verfügt über eine dialogische Anschlussfähigkeit und kann den Kontakt zu Kunden und Kundinnen rasch herstellen.
Er ist in der Lage, die Arbeitsbeziehung mit den Kundinnen für Lernprozesse zu nutzen.
Er kann Konfrontationen mit Einzelpersonen und Gruppen herbeiführen und die Konfliktfähigkeit der beteiligten Personen konstruktiv beeinflussen.
Er ist fähig, den Kontakt mit der nötigen Nähe und Distanz herzustellen und fachlich zu begründen.

Selbstkompetenz

Der Trainee kann in Systemen die eigene Arbeits- und Dialogfähigkeit erhalten.
Er kann seine Eigenwahrnehmung in der Beratung fachlich begründen und für Interventionen zugänglich machen.

Schlüsselkompetenz
Prozesssteuerung und Beziehungsgestaltung

Wissenskompetenz

Der Trainee kennt Methoden und Konzepte der Prozessmoderation und des Projektmanagements.
Er kann die Wirkung von Struktur und Dynamik in der Organisation erkennen und aufgrund verschiedener Theorien erklären.

Handlungskompetenz

Er kann verschiedene Methoden der Strukturierung und des Dialogs adäquat anwenden.
Er kann einen Beratungsprozess so gestalten, dass das System ihn als Lernstruktur nutzen kann.
Er kann über Ziele, Auftrag, Strukturen und Abläufe den Prozess und die Arbeitsbeziehungen im System steuern.

Sozialkompetenz

Er kann Anschluss an verschiedene Personen und Systeme finden.
Er kann durch gezielte Gesprächsführung Akzeptanz und Konsens herbeiführen.
Er kann Veränderungen und Entscheidungen im System herbeiführen.

Selbstkompetenz

Er kann sich selbst in der Beratung auf der Metaebene beobachten und diese Wahrnehmungen in seine Interventionen einbeziehen.
Er reflektiert die aufgabenbezogene und die Gender-Rolle und steuert seine Handlungen kontextbezogen.

Schlüsselkompetenz
Lern- und Entwicklungsstrukturen

Wissenskompetenz

Die Trainee kennt Konzepte über das Lernen, Veränderungen und Wissensmanagement in Systemen.
Sie kennt Indikatoren zur Identifizierung des Veränderungspotenzials von Personen und Organisationen.
Die Trainee kennt verschiedene Konzepte und Theorien zu Macht, Machtgefügen und Unterschieden in Systemen.

Handlungskompetenz

Sie kennt Methoden der Prozessmoderation und Lernstrukturen und kann diese adäquat anwenden und begründen.

Sie kann in Bezug auf Macht und Unterschiede in Systemen adäquate Interventionen entwickeln und umsetzen.

Sie kann adäquate Methoden einsetzen, um Widerstände und Abwehr-routinen (vgl.: Chris Argyris 1997) für das System veränderbar zu machen.

Sozialkompetenz

Sie ist in der Lage, Lernprozesse in eine angemessene auftrags-bezogene Bearbeitungstiefe zu führen.

Sie ist in der Lage, Konfrontationen im Dialog und entwicklungs-orientiert zu führen.

Sie kann mit den Kundinnen einen neuen Denk- und Handlungsrahmen entwickeln, erweitern und verankern.

Sie kann hinderliche Lernkonzepte und Grundannahmen zu Macht und Unterschieden im System bearbeitbar und veränderbar machen.

Selbstkompetenz

Sie reflektiert ihr eigenes Lernen, kennt eigene Beziehungsmuster und kann sie verändern. Sie ist in der Lage, den eigenen Lernprozess zu strukturieren und zu führen.

Sie ist fähig, den eigenen Denkrahmen zu analysieren und zu erweitern.

 Schlüsselkompetenz
Selbstführung

Wissenskompetenz

Die Trainee kennt Techniken und Konzepte des Selbstmanagements.

Sie kennt Lernkonzepte für Einzelpersonen, Gruppen und Systeme (z.B. Wissensmanagement).

Handlungskompetenz

Sie erfasst Lernprozesse und Lernkonzepte von Kunden und Systemen und kann strukturierend eingreifen.

Sie kennt Interventionen, um Selbstführungsprozesse der Kunden zu Handlungsänderungen und Ergebnissen zu führen.

Sozialkompetenz

Sie kann Entscheidungen bei Kunden und Systemen herbeiführen und nachhaltig verankern.

Sie kann Selbstführungskrisen von Einzelpersonen und Organisationen einschätzen und fachlich adäquat reagieren.

Sie kann Fremd- und Eigengefährdungspotenzial bei Kunden einschätzen, benennen und professionell darauf reagieren.

Selbstkompetenz

Sie kann ihre eigene Verfassung während ihrer Tätigkeit in einem Kundensystem reflektieren und beeinflussen.

Sie kennt ihre Handlungsprinzipien und Werte für den Umgang mit Unsicherheit und Machtunterschieden.

Tab. 8:   Die Schlüsselkompetenzen und Lernziele für Beratung im Bereich Organisationsentwicklung, Supervision und Coaching

Die Schlüsselkompetenzen und Lernziele in Kombination mit dem handlungsorientierten Lernen sind für die Trainerin handlungsleitend. Sie geben ihr Übersicht über den Lernstand des Trainees und zeigen ihr, welche Interventionen angezeigt sind.

Das nächste Beispiel aus der Einzellehrsupervision zeigt, wie sich Trainee und Trainerin im Lernprozess orientieren und strukturieren können:

« Die Trainee schildert eine Situation mit einem Kunden. Sie hat den Auftrag, ein Coaching mit dem Geschäftsleitungsehepaar eines kleinen Unternehmens, abgeschlossen. Die vereinbarten Ergebnisse wurden erreicht. Nach der letzten Beratung sagte sie: «Sie können sich bei Fragen gerne wieder an mich wenden.» Nach einem Monat rief der Geschäftsleiter an und berichtete über die aktuelle Situation. Dieses Vorgehen wiederholte er einen Monat später, äusserte jedoch kein spezielles Anliegen bzw. keine Frage an die Beraterin. Die Trainee erzählte in der Lehrsupervision, dass sie nicht wisse, wie sie damit umgehen soll und was es bedeute. »

Wir bearbeiteten diesen Fall anhand der neun Schritte des handlungsorientierten Lernens und der Lernzielstufen.

1. Handlungsmotivation

Sie wird wirksam durch den Impuls der Veränderungsbedürftigkeit einer gegebenen Situation.

Die Trainee erlebt die Telefonate als verwirrend und störend. Sie möchte die Situation auf professionelle Art lösen. Das Ziel ist es, eine Lösung zu finden, damit sich der Kunde auch für einen weiteren Beratungsauftrag an sie wendet.

2. Situationswahrnehmung

Durch sie wird die Ausgangslage der Situation genauer erfasst.

Wir besprechen Gefühle, Haltungen und Gedanken der Trainee während und nach dem Telefonat. Die Trainee erzählt, was sie gemacht hat und welche Möglichkeiten und Interventionen sie kennt. Dies entspricht der Reproduktion.

3. Handlungsplan

Konkrete Ziele werden gesetzt, die notwendigen Mittel zur Zielerreichung bestimmt und ein Handlungskonzept erstellt.

Die Trainee legt dar, wie sie das Problem gerne lösen möchte. Wir besprechen, welchen Auftrag sie dabei hat bzw. wie sie mit dem Kunden verhandeln möchte, mögliche Interventionen und daraus resultierende Wirkungen.
Hier beginnt bereits die Reorganisation: Die Trainee ist gefordert, das Gelernte situationsspezifisch einzusetzen.

4. Handlungsentscheidung

Liegen mehrere Möglichkeiten vor, ist eine Handlungsentscheidung nach fachlich begründbaren Kriterien notwendig.

Die Trainee entscheidet sich, den Geschäftsleiter darauf aufmerksam zu machen, dass kein Auftrag besteht, sie aber gerne bereit wäre, die Telefonberatung zu übernehmen. Dazu müssten Ziele, Zeit und Kosten geklärt werden.
Kommentar: Der Transfer wird eingeleitet und für die zukünftige Situation besprochen. Der Transfer kann nachhaltiger werden, indem handlungsleitende Grundannahmen und Glaubenssätze, Gefühle, Denken, Handeln und die Veränderung der Beziehung mitbearbeitet werden.

5. Handlungsprozess

Die gesetzten Ziele werden durch geistige und körperliche Aktivitäten umgesetzt bzw. angestrebt.

In einem Rollenspiel zeigt die Trainee, wie sie die Interventionen umsetzt, welche Formulierungen sie wählt und welche Grundhaltung ihr dabei wichtig ist. Konkrete Rückmeldungen können in der weiteren Arbeit für Verbesserungen genutzt werden.

Durch den Einbezug der gesamten personalen Fähigkeiten der Trainee in den Lernprozess kann das problemlösende Denken anhand der neuen Situation gefördert werden. Ziel ist es, dass die Trainee in anderen, ähnlichen Situationen selbst eine professionelle Vorgehensweise entwickeln kann.

6. Handlungsergebnis

Die Handlung ergibt ein immaterielles oder materielles (Handlungs-) Produkt.

Das Ergebnis für die Trainee ist (noch) immateriell: Sie erfährt sich als wirksam und fachlich kompetent. Das materielle Ergebnis wird vielleicht erst Monate später sichtbar, falls sich der Kunde für eine weitere Beratungsserie meldet.

Das Hervorheben des immateriellen Gewinns bedeutet für die Trainee eine positive Lernerfahrung und fördert die Motivation, Probleme selbst zu lösen.

7. Handlungskontrolle

Das Handlungsergebnis wird in der Kundensituation auf seine Tauglichkeit überprüft.

Die Trainee legt sich ein Blatt mit Notizen neben das Telefon, damit sie für einen nächsten Anruf gerüstet ist. In der nächsten Lehrsupervision erzählt die Trainee von der erfolgreichen Durchführung der geplanten Handlung: Der Kunde hat sich auf ihre Vorschläge eingelassen und sie mit einer Telefonberatung beauftragt.

Die Trainerin nimmt eine aktive Kontrollposition ein. Als Ausbilderin hat sie die Rolle, erreichte Lernergebnisse zu überprüfen.

8. Handlungsbewertung

Es erfolgt ein Vergleich zwischen erstelltem Produkt und gesetztem Ziel. Der Handlungsablauf wird abgeschlossen oder bei Bedarf eine neue Handlungssequenz zur Verbesserung des Ergebnisses eingeleitet.

Die Situation wird in Bezug auf das Handlungsergebnis und das eigene Erleben reflektiert und bewertet. Daraus können Verbesserungen für weitere mögliche Situationen abgeleitet werden.
Die Trainerin fordert von der Trainee Selbstreflexion, indem sie sich Verbesserungsmöglichkeiten beschreiben lässt. Dadurch fördert sie den Lernprozess.

9. Reflexion des Lernprozesses

Die Reflexion über den Lernprozess der Trainee bildet den Abschluss. Sie erzählt, wie sie gelernt hat, welche hemmenden und nützlichen Muster bei ihr aufgetaucht sind, was sie unterstützt hat und wie sie in einer anderen Situation vorgehen könnte. Der Fokus liegt auf der Entwicklung und Nutzung der Selbstführungskompetenzen in einer nächsten Situation.
In dieser Reflexion werden auch die Arbeitsbeziehung mit der Trainerin und – falls es sich um eine Gruppenlehrsupervision handelt – die Intervention der anderen Trainees thematisiert. Die Ereignisse werden gemeinsam anhand von theoretischen Bezügen erklärt und das Vorgehen fachlich begründet.

Tab. 9:   Ein Beispiel für die Orientierung im Lernprozess

Während in diesem Kapitel Schlüsselkompetenzen, Lernziele und die Kompetenzbereiche bezogen auf die einzelnen Schlüsselkompetenzen beschrieben wurden, wird im folgenden Kapitel erläutert, wie die Steuerung der Lehr- und Lernprozesse durch die Trainerin und den Trainer erfolgt.

Lehren heisst:
Gemeinsam im Dialog
Neues erwirken.

Astrid Hassler

3. Kapitel
Steuerung der Lehr- und Lernprozesse durch den Trainer

Der Trainer und Ausbilder mit seinem Handlungskonzept steht im Zentrum dieses Kapitels. Im Unterschied von demjenigen der Trainees ist sein Handlungskonzept um den Arbeitsauftrag der Förderung und Überprüfung des Lernprozesses der Trainees erweitert. Der Trainer trägt die Hauptverantwortung dafür, dass dies in einer angemessenen Bearbeitungstiefe geschieht und das Lernen auch zu entsprechenden Veränderungen ihrer Handlungen führt. Er kann sich dabei an besonders wirksamen Faktoren orientieren, die sich als Indikatoren für die Steuerung von Lernprozessen relevant erwiesen haben. Um das zu erreichen, muss der Trainer über spezielle Kompetenzen verfügen, die ihn als Ausbilder auszeichnen.

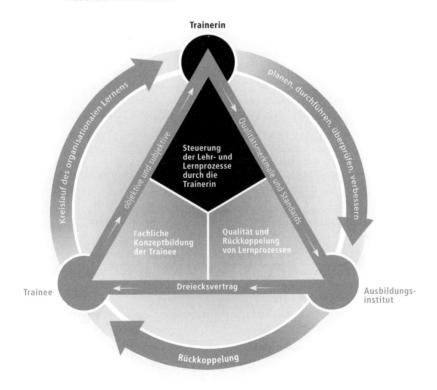

Abb. 7:   Die Steuerung der Lehr- und Lernprozesse durch den Trainer

Wirksamkeit

Wirksamkeit ist das Hauptanliegen in der Beratung und in der Ausbildung zur Beratung. Deshalb nimmt Wirksamkeit im Handlungskonzept der Trainee eine zentrale Stellung ein. Als Grundlage von Wirksamkeit dient die Beschreibung, was erwirkt werden soll und wie etwas wirkt. Das zu erreichende Ergebnis steht also am Anfang jeder Wirksamkeitsbeschreibung: Welche Kompetenzen sollte sich die fertig ausgebildete Person angeeignet haben? Wie ist das zu erkennen? Wie wird es überprüft und durch wen?

Im Zentrum steht die Frage, wie die Trainerin ihre eigene Wirksamkeit erhöhen kann mit dem Ziel, eine verbesserte Wirkung bei der Trainee zu erreichen. Dies setzt voraus, dass das Ergebnis der Wirkung benannt ist. Meist klärt sich dann auch die Frage nach der anzuwendenden Methode.

Die folgenden sechs Faktoren kennzeichnen die Wirksamkeit einer hervorragenden Lehr- und Ausbildungssupervision. Es ist eine Beschreibung von Wirkfaktoren, deren Bewertung durch die beteiligten Personen geschieht und somit einer subjektiven Einschätzung unterliegt. In der täglichen Arbeit haben sich diese sechs Wirkfaktoren als roter Faden für das Handlungskonzept der Trainerin erwiesen.

Die sechs Wirkfaktoren

1. Die Bearbeitungstiefe im Lernprozess:
Die Tiefe der Konfrontation und der Bearbeitung der Themen. Lernen aus der Komfortzone heraus (vgl. unten).

2. Der Reifegrad der Arbeitsbeziehung:
Lernen über die eigenen Beziehungsmuster und deren Veränderung in der Beratung.

3. Das Handlungsorientierte Lernen und die Lernzielstufen:
Lernprozesse durchlaufen alle Stationen des handlungsorientierten Lernens. Professionelle fachliche Begründung der Prozessmoderation und der Interventionen. Die Trainee lernt in allen vier Kompetenzbereichen.

4. Die fallbezogene Konzeptbildung:
Die Trainee hat ein fachliches Konzept in der Fallarbeit entwickelt und kann es professionell umsetzen und begründen.

5. Die Veränderung von Handlungsmustern:

Herbeiführen von Entscheidungen, Verhaltens- und Haltungsänderungen.

6. Die Ergebnisüberprüfung:

Schlüsselkompetenzen und Lernergebnisse sind definiert und gemeinsam vereinbart worden. Ergebnisse werden überprüft, bewertet und Verbesserungen abgeleitet.

Die Wirkfaktoren dienen dem Trainer in der Lehr- und Ausbildungssupervision als Indikatoren, um das Lernen der Trainees abzuschätzen und weitere Interventionen abzuleiten.

In der Beratung geht es immer um Veränderung. Um dies zu erreichen, müssen alle Beteiligten Neues lernen und in ihre Handlungen transferieren. Das Gehirn lernt immer (Manfred Spitzer, 2003). In der Beratung wird versucht, auf dieses permanente Lernen zu fokussieren, zu strukturieren und zu vereinbarten Handlungsänderungen zu führen.

In der Beratung und folglich auch in der Lehr- und Ausbildungssupervision geht es darum, dass die Klienten bzw. Trainees in einem intensiven Lernprozess sich neue begründete Vorgehensweisen und Strategien, Lösungen, Wissen, Handlungskonzepte und Fertigkeiten für eine Veränderung aneignen, damit sie langfristig zur Verfügung stehen. Darum sollen professionelle Beraterinnen ihr eigenes Lernverhalten bzw. ihre Lernmuster reflektieren und falls nötig verändern.

Das Lernen in der Beratung geht über die gewohnten Lernmuster hinaus. Die Veränderung gewohnter Muster ist meist mit Beunruhigung und innerer Aufregung verbunden. Die Beunruhigung ist das Merkmal eines intensiven Lernprozesses der Trainee. Zeigt sie im Lernprozess kaum Betroffenheit, bleibt sie beim Lernen in ihren bevorzugten Lernmustern, also in einer Art Komfortzone. Sie lernt eher Anpassung als Veränderung von Lernmustern, um möglichst in dieser Komfortzone zu verharren.

1. Wirkfaktor.
Die Bearbeitungstiefe im Lernprozess

Oft führt erst die Konfrontation durch die Trainerin oder andere Gruppenmitglieder die Trainee zu einer tieferen Bearbeitung und zum Lernen in neuen Mustern. Diese Bearbeitungstiefe bewirkt eine Reorganisation des Lernprozesses und die Erweiterung von Denk- und Handlungsmustern, was in der Lehr- und Ausbildungssupervision das Ziel der Trainerin und der Trainee sein sollte. Eine tragfähige, von gegenseitigem Wohlwollen und Vertrauen geprägte Arbeitsbeziehung und ein sicherer Rahmen für das Lernen sind in dieser Prozessphase unabdingbar.

Hier sind alle beteiligten Personen gefordert. Die Trainee sollte fähig sein, sich mit der Art und Weise des eigenen Lernens und mit ihrem Lernkonzept auseinanderzusetzen, während die Trainerin diese aufgabenbezogene Konfrontation im Lernprozess herbeiführen und das Lernen neuer, erweiterter Lern- und Handlungsmuster unterstützen soll. Dabei handelt es sich um eine Schlüsselkompetenz der Trainerin, damit gute bis sehr gute Beratungsergebnisse innert kurzer Zeit erreicht werden können. Das Lernen in der Komfortzone hingegen ist eine Anpassungsleistung der Trainee an das Setting der Lehr- und Ausbildungssupervision und entspricht in keiner Weise einer Standardanforderung für Beraterinnen.

Eine Schlüsselkompetenz der Beraterin besteht also darin, den Lern- und Erkenntnisprozess in eine angemessene Beratungstiefe zu führen. Ein Indikator dafür ist, dass die Trainee die Komfortzone verlässt und sich 'beunruhigen' lässt bzw. die Konfrontation annimmt. Die neu gewonnenen Erkenntnisse sind Ausgangspunkt für eine Reorganisation im fachlichen wie persönlichen Lernen.

Hemmnisse in der Lehr- und Ausbildungssupervision

Beraterinnen können in einer Beratung Problem erhaltend oder sogar Problem verstärkend wirken. Dies passiert häufig dann, wenn die Beraterin die Beziehungsmuster des Systems übernimmt und mit den eigenen Mustern reagiert. Beide Parteien gleiten dann in ein enges, voneinander abhängiges Verhalten, in einen Parallelprozess oder gar in Übertragungs- und Gegenübertragungsphänomene.

Diese gegenseitige Verstrickung kann in einer Zweier-Arbeitsbeziehung entstehen und/oder ein gesamtes System erfassen. Daraus können sich leicht eine gemeinsame Komfortzone und verkrustete Beziehungsmuster entwickeln, in denen gewisse Themen von beiden Seiten ausgegrenzt oder nicht bearbeitet und dadurch auch nicht gelöst werden. Um dieser Gefahr entgegenzuwirken, sind das eigene Lernen und die eigenen Beziehungsmuster während der gesamten Dauer der Lehr- und Ausbildungssupervision wichtige Themen für Trainee und Trainer. Unter Umständen sind ein «Nahetreten» und die Konfrontation aus der Komfortzone heraus nötig, falls der Trainee die eigenen Verhaltens- und Beziehungsmuster zu wenig nachhaltig reflektiert und/oder in eigenen Beratungssituationen zu wenig verändert.

In der Lehr- und Ausbildungssupervision stehen meist eine beschränkte Anzahl Stunden zur Verfügung. Für einen erfolgreichen Lernprozess ist es deshalb unerlässlich, rasch die Komfortzone zu verlassen. Den sicheren Rahmen dazu geben der Vertrag, die Strukturen und die Vereinbarungen zwischen Trainee und Trainer.

Der Parallelprozess

Treten Wiederholung von Mustern, Stimmungen und/oder Prozessen aus der beraterischen Situation auch in der Arbeit zwischen Trainee und Trainerin auf, spricht man von einem Parallelprozess. Er behindert kreative Lernprozesse und kann Widerstände verursachen. Durch die Sensibilisierung für dieses Phänomen können über die unangemessene Fixierung der Klientin Erkenntnisse sowohl im aktuellen Prozess als auch in ihrer Arbeitswelt gewonnen werden. In der Psychoanalyse wird der Parallelprozess als Ergebnis von Übertragungen verstanden, wenn ein problematisches Erlebnis aus der Vergangenheit in die Gegenwart verschoben wird. Dadurch kann es als aktuelles Geschehen wahrgenommen, aufgedeckt und bearbeitet werden. In der Supervisionsliteratur wird dieses Phänomen ebenfalls Parallelprozess genannt (Elizabeth Holloway, 1998).

Der Parallelprozess kann

- funktional oder dysfunktional sein

- vom Klienten und deren Kontext ausgehen

- von der Beraterin und deren Kontext ausgehen.

vgl.: Ferdinand Buer. 1999, S. 282f, Johann Schneider, 2001, S. 88, Harald Pühl (Hrsg.), Spiess 2000

Um Parallelprozesse zu erkennen und zu bearbeiten, muss das Lernen sowohl der Trainee als auch der Trainerin reflektiert werden, also aller im Setting der Lehr- und Ausbildungssupervision Beteiligten. Dies erfordert den Einbezug der gesamten Wahrnehmungen, Gefühle und Gedanken einer Person. In dieser Reflexion sind alle gefordert, um eine entsprechende Bearbeitungstiefe zu erreichen, damit der Parallelprozess in einen funktionalen, konstruktiven Parallelprozess mündet. Der Trainer ist dafür verantwortlich, dass die angemessene Bearbeitungstiefe auftrags- und aufgabenbezogen erreicht wird und er sich selbst als Teil des Lernprozesses reflektiert.

2. Wirkfaktor:
Der Reifegrad der Arbeitsbeziehung

Die Art des Lernens und die Wirksamkeit von Interventionen sind zu einem grossen Teil von dem Gefühl der Sicherheit in der Arbeitsbeziehung abhängig. Sie entsteht durch klare Vereinbarungen, die auch eingehalten werden, und durch emotional transparente und stabile Kommunikation. Im Setting der Lehr- und Ausbildungssupervision entsteht Unsicherheit, wenn die Trainerin nicht nur anleitet, sondern auch beurteilt und eine qualifizierende Rolle einnimmt. Diese ambivalente Situation lässt sich durch klare formale Abläufe und Strukturen etwas entschärfen. Die Einhaltung von Absprachen erneuert und bestätigt immer wieder das Vertrauen und damit das subjektive Gefühl von Sicherheit. Dieser strukturelle Rahmen ist besonders wichtig, wenn es Widersprüche und Ambivalenzen in der Arbeitsbeziehung gibt, wie sie zwischen Trainer und Trainee häufig vorkommen. Die Arbeitsbeziehung ist vom starken Gefälle an Erfahrung und Wissen und, falls die Trainerin auch beurteilt, zusätzlich vom Machtgefälle geprägt. Zum Beispiel soll die Trainee einerseits Loyalität gegenüber dem Ausbildungsinstitut, den Ausbildungsmethoden und -theorien zeigen, andererseits aber auch ihren eigenen Stil und ihr fachliches Konzept entwickeln. Falls sie sich dabei zu weit von den unterrichteten Inhalten und Theorien entfernt, läuft sie Gefahr, dass sie negativ beurteilt wird. Die Art des Umgangs der Trainee mit diesen und weiteren Ambivalenzen wird vom Reifegrad der Arbeitsbeziehung bestimmt.

Die Arbeitsbeziehung zwischen Trainerin und Trainee durchläuft in der Ausbildung verschiedene Reifephasen:

1. Abhängigkeit
Zu Beginn der Lehr- und Ausbildungssupervision versucht die Trainee häufig, sich durch Nachahmen der Trainerin und anderer Trainees an den Lernprozess anzupassen, also Lernen am Modell, aber auch Lernen in der Komfortzone. Dies kann die Trainerin dazu verführen, die Anpassung zu fördern – anstatt Autonomie zu fordern und daraufhin zu arbeiten.

2. Aufgabenbezogenes Interesse:
Hinterfragen von Methoden und Konzepten

> Gelingt es Trainer und Trainee, durch ihr Verhalten und ihre Kommunikation Sicherheit zu verankern und zu bestätigen, geht die Arbeitsbeziehung rasch in die zweite Phase über. Die Trainee versucht, die Grenzen des Lernens von Methoden und Konzepten auszuloten, und der Trainer stützt ihre Autonomie. Die Trainee sollte selbst Lösungen erarbeiten und fachlich eigenständig begründen.

3. Differenzierung:
Das eigene Konzept, den eigenen Stil suchen und entwickeln

> Die Trainee beginnt, die Unterschiede zur Trainerin klarer zu umreissen, sich von der Trainerin fachlich und emotional abzugrenzen. Sie legt fest, was sie ähnlich und was sie ganz anders machen wird. Manche Trainees suchen in dieser Phase die direkte Konfrontation mit der Trainerin. Für den weiteren Lernprozess ist es wichtig, dass diese sich dieser Auseinandersetzung stellt und die Trainee ihren eigenen Stil entwickeln lässt. Manche Trainees suchen die Konfrontation durch Auflehnung und Hinterfragen von Strukturen und Abmachungen oder sogar in persönlichen Angriffen. Dieses Verhalten ist eher ein Hinweis auf Abhängigkeit und Anpassung als auf Autonomie in der Arbeitsbeziehung. Die Trainerin sollte sich dieser Auseinandersetzung stellen, sich hinterfragen lassen und über Grundhaltungen und Veränderungskonzepte diskutieren. Geschieht dies nicht, kann sich ein Muster von Zusammenarbeit entwickeln, in der man sich in Ruhe lässt. Gleichzeitig ist es in dieser Konfrontation unabdingbar, dass die Trainee die Trainerin als fest verwurzelt in einem klaren, sicheren fachlichen Konzept und in Arbeitsprinzipien erlebt. Das gibt ihr einen sicheren Rahmen.

4. Autonome Selbstführung:
Eine Arbeitsbeziehung in gegenseitiger Autonomie und verhandelter, transparenter Abhängigkeit.

> Diese Phase sollte spätestens am Ende der Ausbildung erreicht sein. Die Trainee sollte selbst in der Lage sein, die Arbeitsbeziehung mit Kundinnen und Klientinnen frei von hinderlicher Anpassung zu gestalten und im Kontakt autonom zu bleiben. Ebenso wichtig ist es, dass die Trainerin mit der Trainee ihre fachlichen Konzepte reflektiert und sie gemeinsam Handlungsmöglichkeiten für eine gute Umsetzung erarbeiten.

Der Reifegrad der Arbeitsbeziehung und Anforderungen an die Trainerin

Aspekte des Lernens	Beispiel einer dysfunktionalen Extremform	Anforderungen an die Trainerin
1. Abhängigkeit		
Die Trainee zeigt wenig Fähigkeiten, ihre Lernaufgaben zu erfüllen. Sie ordnet ihr Lernen der emotionalen Abhängigkeit unter. Sie verharrt in der Komfortzone.	Die Trainee vermeidet eine eigene Meinungsbildung. Sie lässt sich kaum mit anderen Trainees auf eine Auseinandersetzung ein. Sucht sich Personen aus der Lerngruppe für die Zusammenarbeit aus, die die Führung übernehmen.	Lenken: Führungsübernahme im Lernprozess. Sicherheit schaffen durch Auftragsklärung und Festlegung bzw. Repetition der Rahmenbedingungen und der zu erbringenden Leistungen.
2. Aufgabenbezogenes Interesse		
Die Trainee zeigt Fähigkeiten für eigenes, zielgerichtetes Lernen. Tritt bei Themen ihres Interesses aus der Komfortzone heraus in ein Lernen nach neuen Mustern.	Verzetteln oder haften bleiben an einzelnen Themen. Trainee eröffnet «Nebenschauplätze», z.B. irrelevante oder ständig wechselnde Themen.	Anleiten: Rahmen und Setting im Auge behalten. Steuern der Inhalte durch das Fokussieren auf Lernergebnisse.
3. Differenzierung		
Trainee zeigt die Fähigkeit, ihre Lernthemen selbst zu gewichten. Sie geht häufig aus der Komfortzone heraus in eine dem Thema und dem Auftrag angemessene Bearbeitungstiefe.	Verstrickende Diskussionen. Trainee sucht den Konflikt und leitet ihre eigene Handlungslegitimation daraus ab.	Unterstützen: Stellt sich den (mitunter persönlichen) Konfrontationen.
4. Autonomie/Selbstführung		
Die Trainee zeigt sehr gute Fähigkeiten, ihre Lernprozesse selbst zu steuern. Sie bestimmt die Bearbeitungstiefe selbst.	Überautonomie. Gespielte Übersicherheit, Trainee lässt sich nicht «in die Karten» blicken.	Delegieren von Lernaufgaben: Ist auf hohem fachlichen Niveau gefordert. Schwerpunkt ist das Überprüfen der Lernergebnisse.

Vgl. Stufen der Lernautonomie in Anlehnung Grow (1991), zitiert in Knowels, 2007 S.171, verändert und erweitert von Astrid Hassler

Tab. 10:   Der Reifegrad der Arbeitsbeziehung und Anforderungen an die Trainerin

In der Lehr- und Ausbildungssupervision sollte der Trainer mit dem Trainee an der Grundhaltung in der Arbeits- und Kundenbeziehung arbeiten, damit er diese, falls nötig, verändert. In der Bearbeitung zeigt sich rasch das bevorzugte Beziehungs- und Handlungsmuster der Trainee, im Besonderen in unsicheren Situationen. Die Arbeit an der Grundhaltung und der Arbeitsbeziehung sind im Ausbildungskontext unerlässlich, da diese in der personenbezogenen Beratung wie Supervision und Coaching, aber auch in verwandten Fachgebieten wie z.B. der sozialen Arbeit, für die Ergebniserreichung zentral sind.

Beispiel aus einer Lehrsupervision zur Reifephase der Arbeitsbeziehung:

« Ein Trainee schreibt zur Vorbereitung auf die nächste Sitzung ein Mail: (…) «Wir sehen uns ja am kommenden Montag. Ich habe meinerseits nur wenige brennende Fragen. Ich würde gerne an meiner Rolle als Berater arbeiten. Vielleicht könnten Sie mich ja herausfordern. Ich bin sicher, Sie haben bereits ‚blinde Flecken' bei mir entdeckt. Ich würde mich gerne darauf einlassen.» (…) »

Hier zeigen sich eine Form von Anpassung und die Delegation der Verantwortung für die Bearbeitungstiefe an die Trainerin. Der Aufforderung nachzukommen, könnte das Verweilen in der Komfortzone fördern.

In der darauffolgenden Lehrsupervision fordert die Trainerin den Trainee auf, seine Haltung zu erklären. Diese Konfrontation führt zum eigentlichen Thema des Trainee: der Auseinandersetzung mit dem Sinn des eigenen Handelns und der beruflichen Tätigkeit.

Beispiel aus einer Gruppenausbildungssupervision zur Arbeitsbeziehung mit dem Kundensystem:

« Ein Trainee schildert eine provozierende Intervention aus einer Gruppenberatung, die er durchgeführt hat. Durch Nachfragen der Teilnehmerinnen und der Trainerin stellt sich heraus, dass der Trainee sich zuvor geärgert hatte, weil die Klienten seine Intervention vor der Pause nicht akzeptierten und aus seiner Sicht nicht angemessen kooperierten. Der Trainee kann seine provozierende Intervention fachlich nicht erklären und begründen. Schliesslich erkennt er, dass er aus einem Gefühl der Rebellion heraus für die Klienten provozierend und unverständlich interveniert hat. In diesem Moment befand er sich in einem dysfunktionalen Parallelprozess mit dem Klientensystem. Die Beteiligten besprechen eine mögliche authentische Intervention in dieser und ähnlichen Situationen, welche der Trainee im Rollenspiel ausprobiert. »

3. Wirkfaktor:
Handlungsorientiertes Lernen und die Lernzielstufen: Lernprozesse durchlaufen alle Stationen des Handlungsorientierten Lernens und der Lernzielstufen.

Nicht alle Lernschritte lassen sich allein durch die Schilderung der Trainee erkennen. Die Trainerin wendet verschiedene Lernmethoden und -modelle an, z. B. durch Trainieren der Intervention im Rollenspiel oder Analyse einer praktischen Arbeit mit der Trainee anhand einer Videosequenz. Im konkreten Handeln kann sie die Umsetzung und die Handlungskompetenzen der Trainee beobachten. Jede Phase des Handlungsorientierten Lernens lässt sich durch konkrete Fragen nach der Absicht und dem Ziel des Handelns sowie der fachlichen Begründung ihres Vorgehens nachvollziehen. Die Trainerin sollte den Überblick über die Schlüsselkompetenzen, die fallbezogene Konzeptbildung und den Lernprozess haben und dadurch sicherstellen, dass die Lernschritte differenziert bearbeitet werden und das vereinbarte Lernziel erreicht wird.

4. Wirkfaktor:
Die fallbezogene Konzeptbildung

Gute Beratungsarbeit zeichnet sich durch fachlich begründete Handlungskonzepte und Ordnungsprinzipien für Entscheidungen und das Vorgehen aus (siehe Abschnitt: Die fallbezogene Konzeptbildung Seite 34). Die Trainerin kann die inneren Konzepte und Ordnungsprinzipien nicht direkt beobachten. Sie lassen sich nur zusammen mit der Trainee erkennen, benennen und bearbeiten. Dazu ist es notwendig, einen Überblick zu schaffen – bildlich gesprochen: eine «fachliche Landkarte» zur Verfügung zu haben, mit der die Trainee jederzeit weiss, wo sie sich befindet und in welche Richtung sie zu gehen (intervenieren) hat, um ihr Ziel zu erreichen. Über ihre Theorien und Handlungskonzepte eine innere Übersicht zu schaffen und damit zu arbeiten, ist für die Trainee hilfreich. Schwieriger ist es, Ordnungsprinzipien für Handlungsentscheidungen zu bilden, z. B. Wertehierarchien bei Entscheidungen und Prioritäten im Fall von Widerständen der Klientin oder beispielsweise in der Beratung eine gute Bearbeitungstiefe zu erreichen. Hier ist es wichtig, dass der Trainer sich von der Trainee das Vorgehen, die fachlichen Überlegungen und die inneren Zustände beschreiben lässt oder sie durch gezielte Interventionen in diese Zustände zurückführt – mit dem Ziel, aus der emotionalen Betroffenheit heraus das Beziehungsmuster der Trainee mit dem Kundensystem gemeinsam zu reflektieren. So sind emotionale und kognitive Prozesse in der Beratung einfacher zu bearbeiten und können rascher verändert werden. Sie sind das Material, aus dem sich das innere fachliche Konzept erschliessen und entwickeln lässt.

Beispiel aus einer Ausbildungssupervision für die fallbezogene Konzeptbildung:

« Ein Trainee bringt folgendes Anliegen vor: Bei Klienten, die kaum eigene Entscheidungen fällen, also sich eher passiv verhalten, gerate er immer in eine Überaktivität. In der Folge würden starke Wutgefühle dem Klienten gegenüber auftreten. Der Trainer lässt sich für eine solche Gefühlslage typische Situationen und Klienten beschreiben und fragt, ob der Trainee aus seiner Biografie Ähnliches kenne. Dieser bejaht und gibt seine Zustimmung, die biografischen Zusammenhänge zu erforschen. Weitere Fragen nach Situationen und Gefühlen aus der Kindheit fördern ein tragisches Familiengeheimnis zutage. Der Trainee sagt überrascht: «Ich habe mich als Kind für den Suizid meines Onkels und den Schmerz meiner Oma verantwortlich gefühlt. Dieses

Gefühl habe ich meinen Klienten gegenuber.» Er beschreibt, dass dies eine sehr wichtige Erkenntnis für ihn sei und er sich befreit fühle.

In der Prozessreflexion gibt ein anderer Trainee eine irritierende Rückmeldung: Das sei ja Therapie und nicht Beratung. Die Grundhaltung einer Person sei etwas Persönliches und gehöre nicht hierher. Die Trainerin fragt in der Gruppe nach weiteren Rückmeldungen auf der Gefühlsebene. Die Reflexion führt die Gruppe zu den Kernthemen: Unterschiede von Beratung und Therapie, handlungsleitende Grundannahmen und deren Wirkung, professionelle Haltungen bei emotionaler Betroffenheit und wie sich der Berater selbst in die Lage bringt, einen Lernprozess emotional und kognitiv in eine angemessene Bearbeitungstiefe zu führen.
In der nächsten Stunde beschreibt der Trainee Veränderungen auf der Gefühls- und Handlungsebene sowie in den Interventionen gegenüber den Klienten.
Dem Trainer gelingt es, mit Zustimmung des Trainees, den Lernprozess in neue Lernmuster zu führen. Die Bearbeitungstiefe wird gemeinsam verhandelt. Der Trainee kann die Gefühle aus der Lernerkenntnis neu ordnen, integrieren und in seiner Beratungstätigkeit umsetzen. Für die Gruppe ist es notwendig, den Prozess emotional und kognitiv zu reflektieren. Die Lernthemen werden sozusagen gemeinsam erlebt und führen zu einer Neuorganisation für die Beteiligten. Abschliessend bearbeitet der Trainee die Frage, was er von den Erkenntnissen in der nächsten Beratung wie umsetzen und was er dem Klienten mitteilen wird. »

Solche häufig auftretenden Themen wie Unterschiede zwischen Therapie und Beratung, Haltung und Grundannahmen sowie Bearbeitungstiefe werden in der Gruppe aus der fachlichen Perspektive heraus bearbeitet. Der Trainer zeigt auf, wie die professionelle Haltung zu diesen Themen dem Berater als Orientierung und Entscheidungshilfe für sein Handeln dient.

5. Wirkfaktor:

Die Veränderung von Handlungsmustern | Das Herbeiführen von Entscheidungen, Verhaltens- und Handlungsänderungen

Bei der Umsetzung von neu erlernten Kompetenzen führt die Trainerin den Lernprozess zu sichtbaren Ergebnissen. Ziel ist es, die eigentlichen Lebensthemen und Beziehungsmuster aufzunehmen und die Trainee zu Veränderungs-Entscheidungen zu führen. Durch entsprechende Fragen kann die Trainee den Unterschied zwischen Entscheidung, Wunsch und Vorsatz erkennen. Wichtig ist, dass es sich unzweifelhaft um eine Entscheidung zur Veränderung handelt. Danach können die Auswirkungen der Verhaltensänderung der Trainee auf das Umfeld besprochen und dadurch die Verankerung der Veränderung gefördert werden. Die Trainerin hat die Aufgabe, die Umsetzung zu überprüfen, also nachzufragen, sich Veränderungen beschreiben zu lassen und weitere Entscheidungen herbeizuführen. Für die Umsetzung sind die Selbstführungsfunktionen und das Rollenmanagement der Trainee notwendig.

Beispiel aus einer Lehrsupervision zur Veränderung von Handlungsmustern:

« Ein Trainee erzählt der Trainerin, wie er in der Rolle als Supervisor einer Gruppe das Gefühl der Überlegenheit geniesst, besonders, wenn einzelne Gruppenmitglieder ihn als Autoritätsperson bestätigen und starkes Wohlwollen und Interesse an seiner Person zeigen. Das Gefühl «turne» ihn an, und er versuche in der Moderation immer wieder, Gruppenmitglieder dahin zu bringen, ihn als etwas Besonderes zu sehen und zu würdigen. Die Trainerin lässt sich weitere Details und Gefühlsregungen beschreiben. Sie fragt den Trainee: «Wenn Sie an meiner Stelle hier sitzen würden und ein Trainee erzählt Ihnen das, wie würden Sie das einschätzen und einordnen?» Der Trainee antwortet rasch: Das sei ein ziemlich narzisstisches Verhalten. Er versuche sich emotional von anderen zu nähren und werde doch nicht satt. Daraufhin konfrontiert die Trainerin ihn mit der Entscheidungsfrage, ob er diese Haltung ändern wolle oder nicht. Sie stellt dem Trainee die Aufgabe, ihr in der nächsten Sitzung seine Entscheidung mitzuteilen. Der Trainee entscheidet sich, an seiner Haltung zu arbeiten, um sie zu verändern. Er informiert die Trainerin, dass er zur Unterstützung eine Therapie begonnen habe. »

Die Entscheidung, eine Haltungs- und Verhaltensänderung herbeizuführen, liegt beim Trainee. Die Trainerin hat diesen Prozess durch ihr Vorgehen und ihre Entscheidungsfrage intensiviert. Die fachlich kognitive Bearbeitung des Themas Haltung und Verhaltensänderung wird erst später, nach der emotionalen Prozessreflexion, behandelt. Dadurch erhält die Themenbearbeitung Tiefe, und Fühlen und Denken werden miteinander verbunden.

6. Wirkfaktor:
Ergebnisüberprüfung

Das Überprüfen von Lernschritten und Handlungsänderungen ist ein wichtiger Faktor, um Ergebnisse zu «ernten». In der Ergebnisüberprüfung geht es um das Benennen des Erreichten, um die Klärung, wer was dazu beigetragen hat, und um die nachhaltige Festigung der Handlungen in der Berufspraxis. Überprüfen intensiviert den Lernprozess und trägt zur Sicherung des Lerntransfers bei.

Überprüfen und Beurteilen steigert das Lernergebnis

In meiner Masterthesis (vgl. Astrid Hassler, 2002) schrieb ich, dass Lehr- und Ausbildungssupervision nicht qualifizierend sein sollte. Dies entsprach einer Haltung, wie sie in den Anfängen der Supervision und Ausbildung einzelner Berufsgruppen üblich war: Lehr- und Ausbildungssupervision sollte in einem geschlossenen Rahmen stattfinden, damit auch persönliche Schwierigkeiten vertraulich besprochen werden können.

Durch meine Erfahrungen in der Praxisausbildung und in der Supervision von Ausbilderinnen und Ausbildern im Bereich Gesundheit und Soziale Arbeit habe ich meine Meinung grundlegend geändert. Damit verbunden ist auch ein Wandel in der Einstellung zu Beratung.

Beratung findet im Arbeitskontext statt und hat dadurch immer auch einen öffentlichen Charakter. Arbeitshaltungen, Widerstände, Konflikte einzelner Personen oder Gruppen sind immer für die gesamte Organisation und für das Management von Bedeutung. Diese Auffassung entspricht auch einer systemischen Sichtweise. Für den Erhalt der Arbeitsfähigkeit in Teams und Organisationen ist darum der Austausch über persönliche Wahrnehmungen und Haltungen, Konflikte, Widerstände, Erwartungen und Ängste wichtig. Diese Sichtweise schliesst den Ausbildungskontext mit ein. In der Ausbildung kann es also kein Anrecht auf «Privates» geben. Das geht in der Lehr- und Ausbildungssupervision so weit, dass im Ausbildungskontext mit den zuständigen Personen über das Lernen und die professionelle Entwicklung der Trainees gesprochen wird.

Ein Beispiel aus einer Ausbildungssupervision über einen in Frage stehenden Ausbildungsabschluss:

《 Eine Trainee geht in einem Praktikum für die Ausbildung in sozialer Arbeit eine sexuelle Beziehung mit einem Klienten ein. Ihre Vorgesetzte bemerkt die Beziehung und bespricht sie mit ihr. Die Situation wird in einer Teamsupervision gemeinsam mit der Trainee bearbeitet. Die Trainee wird mit ihrem Fehlverhalten konfrontiert; der erfolgreiche Abschluss des Praktikums ist dadurch gefährdet. Dabei stellen sich einige Versäumnisse des Teams und der Praxisausbilderin heraus. Die Trainee wurde zu wenig auf mögliche Übergriffe und Verführungen durch Klienten vorbereitet und zu wenig geschützt. Eine Meldung über diese Situation und die gewonnenen Erkenntnisse geht an die Ausbildungsinstitution. Die Leitung informiert die Ausbildungssupervisorin und beauftragt sie, die Situation mit der Trainee zu reflektieren und die Bedeutung der fachlichen und berufsethischen Standards zu besprechen. Dank dem raschen Einschreiten der Praxisorganisation und dem positiven Lernprozess der Trainee konnte sie die Ausbildung erfolgreich fortsetzen und abschliessen. **》**

Trainees kommen häufig in Situationen, in denen sie Übergriffe durch Patienten oder Klienten, aber auch Ausbildner bzw. Berufskollegen erfahren. Das Beispiel zeigt, dass Lernprozesse nicht nur für die Trainee, sondern auch für die Praktikumsorganisation und Ausbildungsinstitution notwendig sind. Hier käme das Fokussieren allein auf den Lernprozess der Trainee einer Personalisierung des Problems gleich. Für die Beurteilung des Praktikums war der Lernprozess der Trainee und ihre Bearbeitung des Themas entscheidend – und nicht der Vorfall an sich. Die Trainee fühlte sich in der Ausbildungssupervision zwar unter Druck, dieses Lernergebnis in Bezug auf professionellen Umgang mit Grenz- und Rollenüberschreitung zu erbringen. In der Nachbearbeitung wertete sie diesen Druck von Seiten der Ausbildungsinstitution und der Praxisorganisation als positiv.

Das Team in der Praxisorganisation veränderte Abläufe und Inhalte in der Einarbeitungsphase so, dass zukünftige Praktikantinnen einerseits geschützt sind vor Übergriffen und andererseits für den professionellen Umgang mit dem Thema geschult werden. Die Ausbildungsinstitution überprüfte das Lernergebnis in einem Gespräch mit der Trainee.

Die Erfahrung zeigt, dass die Umsetzung von Erlerntem verbessert werden kann, wenn das Ergebnis und der Transfer gezielt überprüft werden. Legt die Trainee in der Lehr- und Ausbildungssupervision eine praktische Prüfung ab, kann sie ihre Handlungskompetenzen vorführen. Deshalb ist es notwendig, das zu erreichende Ergebnis klar zu beschreiben und die Form und das Verfahren der Überprüfung festzulegen. Schliesslich müssen Prüfungen so angelegt sein, dass sie ‚rekursfähig' sind. Wird in einer Ausbildung die Praxisumsetzung nicht überprüft und zählt z.B. nur die Anwesenheit, bleibt auch das Lern- bzw. Umsetzungsergebnis beliebig. Eine Trainee kann nicht wissen, was sie in der Ausbildung erreichen soll, wenn das nicht benannt bzw. nicht gefordert wird. Ein Zitat von Konfuzius bringt es auf den Punkt:

> Wer das Ziel kennt, kann entscheiden.
> Wer entscheidet, findet Ruhe.
> Wer Ruhe findet, ist sicher.
> Wer sicher ist, kann überlegen.
> Wer überlegt, kann verbessern.
>
> Konfuzius

Zur Ergebnisüberprüfung in der Lehr- und Ausbildungssupervision

Das Ziel der Ausbildung ist es, ein bestimmtes Ergebnis zu erreichen: Die Trainee hat die Kompetenzen für die Ausübung des Berufes erworben. Das setzt voraus, dass die Ziele für den Praxisteil der Ausbildung formuliert sind, die Lehr- und Ausbildungssupervision gezielt und strukturiert durchgeführt und überprüft wird, ob das gewünschte Ergebnis eintritt.

Das zu erreichende Ergebnis der Lehr- und Ausbildungssupervision bestimmt im Wesentlichen, welches Vorgehen und welche Methoden zur Anwendung kommen sollen. Besteht das Ziel lediglich darin, die Umsetzung des Erlernten im neuen Arbeitsfeld zu reflektieren, kann sich dies auf die Bearbeitungstiefe und -qualität auswirken, denn es fordert keine Nachweise für die Umsetzung von bestimmten Handlungsmodellen und Fähigkeiten. Es bleibt darum dem Zufall bzw. den Kompetenzen der Trainee und der Trainerin überlassen, ob konkrete Verbesserungen entwickelt und umgesetzt und ob die Lernergebnisse auch überprüft werden.

Hat die Lehr- und Ausbildungssupervision jedoch zum Ziel, dass die Trainee eine qualitativ hochstehende professionelle Beratung durchführen kann, dann ist es notwendig, eine gute Beratung zu beschreiben, die dazu notwendigen Kompetenzen zu identifizieren, die Trainee darauf hin zu trainieren und das erreichte Ergebnis zu überprüfen.

Dabei stellen sich folgende Fragen:

- ■ Was soll wie überprüft und bestätigt werden, schriftlich oder mündlich?

- ■ Durch wen, durch den Trainer?

- ■ Welches sind die Vorgaben und Methoden?

- ■ Welche Kompetenzen werden wie und durch wen überprüft?

Ist das zu erreichende Ergebnis definiert und die Frage geklärt, wie das Ergebnis überprüft und dokumentiert wird, lässt sich festlegen, welche Bedingungen für das Lernsetting zu definieren sind.

Beispiele für allgemein gehaltene und unterschiedlich ausdifferenzierte
Zielbeschreibungen und die Folgen für die Ergebnisüberprüfung:

Allgemein gehaltene und unterschiedlich ausdifferenzierte Zielbeschreibungen der Lehr- und Ausbildungssupervision	Folgen für das Lernsetting und die Ergebnisprüfung
Begleitung und Unterstützung bei der Aneignung der neuen Berufsrolle und neuer Kompetenzen	Begleitung sagt nichts über die Bearbeitungstiefe aus. Eine Ergebnisüberprüfung wäre in diesem Fall bereits durch eine einfache Anwesenheitsüberprüfung gegeben.
Lernen von Berufshandwerk	Das Ziel ist zu allgemein formuliert. Es sagt nichts über die zu erreichende Qualität im Berufshandwerk aus. Eine Unterscheidung zwischen beruflichen Fähigkeiten und Fertigkeiten sowie der Qualität in der Ausführung ist hier notwendig. Häufig wird sie mit der allgemeinen Frage «Kann ich die Trainee als ausgebildete Fachperson weiterempfehlen?» grob überprüft.
Umsetzen von professionellem Handeln als Beraterin	Um das Ziel zu erreichen, ist es notwendig, professionelles Handeln, also die Umsetzung zu beschreiben. Dies bedingt die Formulierung von konkreten Handlungskompetenzen, die beobachtet, also überprüft werden können. Die Ergebnisüberprüfung erfordert eine Handlungsüberprüfung in der Praxis. In medizinisch-sozialen Ausbildungen wird häufig eine praktische Prüfung für den Abschluss des Praktikums verlangt. In der Lehr- und Ausbildungssupervision könnte dies eine Videosequenz einer Beratungssituation oder eine Live-Beratung sein. Praktische Prüfungen umfassen meist mehrere Teile, z. B. schriftliche Falldokumentation, mündliche Falldarstellung und einen praktischen Prüfungsteil.

Nachweis	
professionellen Handelns als Beraterin	Einige Ausbildungsinstitute verlangen eine schriftliche Beurteilung durch die Trainerin bzw. den Trainer. Auch diese Form der Ergebnisüberprüfung sollte sich auf eine für alle Beteiligten nachvollziehbare Beschreibung der zu erreichenden Handlungskompetenzen abstützen. Festzustellen ist, dass einzelne Ausbildungsinstitute bereits umfassendere Prüfungen in der Lehr- und Ausbildungssupervision durchführen.

Tab. 11:   Beispiele für allgemein gehaltene und unterschiedlich ausdifferenzierte
Zielbeschreibungen und die Folgen für die Ergebnisüberprüfung

Die Klärung der Zielsetzung und Ergebnisüberprüfung hat Auswirkungen auf vertragliche Regelungen, das methodische Vorgehen und letztendlich auf die Qualität der Lehr- und Ausbildungssupervision. In der Praxis wird dies in einzelnen Ländern und Ausbildungsinstituten sehr unterschiedlich gehandhabt.

Beispiel einer Lehrsupervision ohne Dreiecksvertrag:

« Eine Trainee kommt für ein Erstgespräch über eine mögliche Zusammenarbeit in einer Lehrsupervision zur Trainerin. Das Ausbildungsinstitut verlangt lediglich, dass die Trainerin Mitglied im Berufsverband sein muss, aber weder die Zusammenarbeit mit ihr noch einen schriftlichen Vertrag über die Lehrsupervision. Zwischen Trainerin und Ausbildungsinstitut würde keine Vereinbarung bestehen, den Vertrag würde die Trainee autonom abschliessen.
Die Trainee entscheidet sich nach dem Erstgespräch gegen eine Zusammenarbeit mit der Begründung: «Bei ihnen müsste ich arbeiten.» »

Hier zeigt die Trainee eine Grundhaltung und Vorgehensweise, mit denen sie sich aufgrund des nicht vorhandenen Dreiecksvertrages der Reflexion und Bearbeitung ohne Konsequenzen entziehen kann. Ein Lernziel und dessen Überprüfung in Bezug auf Grundhaltung in der Beratung fehlen. Ebenso fehlt eine Anbindung an das Ausbildungsinstitut.

Beispiel eines geregelten Dreiecksvertrages:

《 Der Trainee schreibt nach jeder Lehrsupervision ein Lernprotokoll, das
er mit der Trainerin bespricht. Ziel ist es, das Lernen zu reflektieren und
damit auch zu intensivieren. Die Lernprotokolle können auch für die
schriftliche Abschlussarbeit genutzt werden.
Das Ausbildungsinstitut prüft die fachliche Eignung der Trainerin (Lehr-
supervisorin) anhand ihrer Ausbildungsnachweise und in einem persönlichen Gespräch. Die Trainerin ist vertraglich verpflichtet, im Setting
Lehrsupervision mit dem Ausbildungsinstitut zusammenzuarbeiten. Es
gibt eine Vorlage für einen Vertrag für die Lehrsupervision. Darin wird
der Trainee verpflichtet, ein Lernprotokoll zuhanden der Trainerin zu
schreiben. Der Vertrag enthält auch einen Abschnitt über den Infor-
mationsaustausch der drei beteiligten Parteien. Persönliche Informationen bleiben vertraulich. Informationen, welche für das Lernen des
Trainees und für das Ausbildungsinstitut relevant sind, werden gegen-
seitig transparent gemacht, besprochen und weitergeleitet. Die Eignung des Trainees als Berater wird von der Trainerin anhand festgelegter
Kriterien geprüft und schriftlich bestätigt oder abgelehnt. **》**

Durch die vertraglichen Abmachungen steht der Lernprozess des Trainees im Mittelpunkt, er wird intensiviert und moderiert. Der festgelegte, enge Rahmen für den Informationsfluss schafft Klarheit und Sicherheit in Bezug auf die Rolle der Trainerin
bzw. des Trainers. Dies ist wichtig, denn wenn Ergebnisse überprüft werden, nehmen
die Unsicherheit und der Druck wegen der zu erbringenden Nachweise häufig zu. Die
Trainerin wird dann vom Trainee in einer ambivalenten Rolle von Vertrauensperson
und Prüferin wahrgenommen, was ein Nährboden für Machtspiele und verstrickende
Beziehungsmuster zwischen allen beteiligten Parteien sein könnte. Sicherheit für das
Lernen entsteht, wenn Rahmen und Inhalte geklärt sind, wenn feststeht, was prüfungsrelevant ist und was nicht, welche Informationen hin und her fliessen und wie
mit Irritationen und Störungen umgegangen wird.

Die Beurteilung

Die Vorbereitung einer praktischen Prüfung und der entsprechende Beurteilung muss vom Ausbildungsinstitut unter Berücksichtigung der rechtlichen und beruflichen Rahmenbedingungen erfolgen und ist entsprechend aufwändig. Die Prüfungsinhalte und -verfahren müssen in einem sinnvollen Zusammenhang mit dem gesamten Lehrgang stehen. Die folgende Abbildung zeigt ein Beurteilungsblatt für die Lehr- und Ausbildungssupervision. Bei diesem Beispiel wird vorausgesetzt, dass das Ausbildungsinstitut die Schlüsselkompetenzen und die fachliche Konzeptbildung für die jeweilige Berufsgruppe differenziert beschrieben hat. Das entspricht dem zu erreichenden Lernergebnis.

Beispiel Beurteilungsblatt:

Schlüsselkompetenzen

Fallbezogene Konzeptbildung	System-verständnis	Dialog und Kommunikation	Prozesssteuerung und Beziehungs-gestatung	Selbstführung	Strukturen für Lernen und Entwicklung
Kontext					
Übergeordnete Zielsetzung und Auftrag					
ethische Standards/hand-lungsleitende Grundannahmen					
Theorien zur Erklärung von Phänomenen					
Methoden und Modelle, Interventionen					

Tab. 12: Beispiel Beurteilungsblatt

Beispiele für eine Bewertung:

5 = sehr gut, stark ausgeprägt

4 = gut, ausgeprägt

3 = erkennbar

2 = wenig erkennbar

1 = nicht erkennbar

Oder
Bewertung nach den Lernzielstufen:

5 = kann Erlerntes reproduktiv wiedergeben (Reproduktion)

4 = kann Erlerntes situationsspezifisch einsetzen (Reorganisation)

3 = kann das Erlernte auch auf neue Situationen übertragen (Transfer)

2 = kann das Erlernte in neue Lösungskonzeptionen umsetzen
(Problemlösendes Denken)

1 = kann das Erlernte in neue Lösungskonzeptionen umsetzen, fachlich
begründen, reflektieren und Verbesserungen ableiten (Reflexion
der Lernprozesse)

Mit der Beurteilung von Schlüsselkompetenzen endet dieses Kapitel über die Steuerung von Lehr- und Lernprozessen durch den Trainer und mögliche Egebnisüberprüfungen. Im nächsten Kapitel wird die Qualität und Rückkoppelung von Lernprozessen beschrieben.

4. Kapitel

Qualität und Rückkoppelung von Lernprozessen

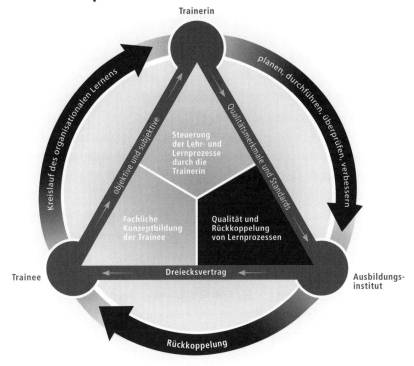

Abb. 8: Die Rückkoppelung von Lehr- und Lernprozessen

In diesem Kapitel stehen die Qualität und die Evaluation der Lehr- und Ausbildungssupervision im Zentrum. Einerseits geht es um das Erlernen von Qualität und guter Beratung durch die Trainee, andererseits um das «Management von Qualität» durch die Trainerin und das Ausbildungsinstitut. Beim Ausbildungsinstitut mit seinen strukturierenden Aufgaben liegt die Hauptverantwortung für die Gestaltung der Lern- und Ausbildungsprozesse. Der allgemeine Bezugsrahmen und der Dreiecksvertrag setzen die strukturellen Bedingungen für die Gestaltung der Prozesse. Je nach Art und Weise der Abläufe und der Verknüpfung der Prozesse lässt sich dieser Rahmen hinsichtlich einer sehr guten Qualität und Evaluation der Lehr- und Ausbildungssupervision verbessern. Ziel ist es, durch die optimale Verknüpfung im Sinn einer Rückkoppelung der Prozesse die Qualität der Lehr- und Ausbildungssupervision über die Standardanforderungen hinaus zu steigern.

Management der Qualität

In den letzten fünfzehn Jahren erreichten die meisten Weiterbildungsinstitutionen eine massive Qualitätssteigerung, unter anderem durch die Einführung von Qualitätsmanagementsystemen und durch die Reformen in der Bildungslandschaft. Auch die Berufsverbände entwickelten Qualitätsstandards. Viele davon gehören inzwischen zum Ausbildungsalltag, zum Beispiel ein Dreiecksvertrag oder die schriftliche Bestätigung der absolvierten Lehr- und Ausbildungssupervision usw. Mittlerweile zeigt sich aber auch, dass Standards, die vor Jahren eine besondere Qualität auszeichneten, heute zu den grundlegenden Standardanforderungen gehören, welche die Kundinnen in der Zusammenarbeit als selbstverständlich voraussetzen.

In der Literatur und in Kompetenzprofilen von Beraterinnen sind immer noch häufig allgemein gehaltene Standardanforderungen zu finden wie zum Beispiel: Der Coach hört aktiv zu, stellt gezielte Fragen, schafft ein Problembewusstsein. Diese sind heute normale Voraussetzungen in der Beratung.

Standardanforderungen wie z.B. der Dreiecksvertrag oder ein Ausbildungskonzept im Setting Lehr- und Ausbildungssupervision werden im vorliegenden Kapitel nicht weiter ausgeführt. Es ist davon auszugehen, dass diese Standardanforderungen bestehen und erfüllt werden. Hingegen sollen jene Aspekte hervorgehoben werden, die die Grundlage für das Erlernen von hoher Beratungsqualität bilden. Die zentrale Frage ist, wie Qualität im Lehr- und Lernprozess erreicht, vermittelt und erlernt werden kann, unter der Voraussetzung, dass der Trainer und das Ausbildungsinstitut selbst hohe und höchste Qualität anbieten.

Das Ausbildungsinstitut ist dafür verantwortlich, die Rahmenbedingungen, Strukturen und Standards für die an der Lehr- und Ausbildungssupervision beteiligten Personen in Form eines Ausbildungskonzeptes festzuschreiben. Bezogen auf diese Rahmenbedingungen sollten Lernprozesse zudem zirkulär rückgekoppelt beschrieben sein. Erst durch diese Rückkoppelung wird eine Qualität über die Standardanforderungen hinaus erreicht.

Rückkoppelung meint eine gesteuerte Weiterführung der Prozesse

- in verschiedenen Settings

- und durch den geplanten Einbezug der an der Auftragserfüllung beteiligten Personen.

Kontextbedingungen

Gesetzliche Rahmenbedingungen für die Ausbildung und die Berufsausübung

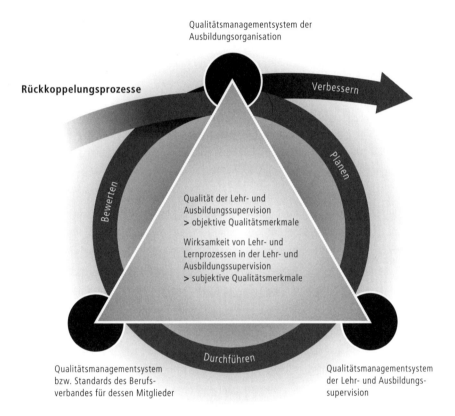

Abb. 9:   Rahmenbedingungen für die Qualität und Evaluation in der Lehr- und
           Ausbildungssupervision

Grundlage für die Rückkoppelung von Lernprozessen ist ein Ausbildungskonzept. Das Konzept für Lehr- und Ausbildungssupervision sollte folgende Aspekte regeln:

Checkpunkte   Inhalte

Verständnis von Lehr- und Ausbildungssupervision
Stellenwert des praktischen Ausbildungsteils.
Grundverständnis der Ausbildungsinstitution
Definitionen, Ziele, Inhalte
Grundhaltung, Qualitätsverständnis, Ablauf der Evaluationsprozesse

Fachliche Kriterien
Auswahl der Trainerinnen und deren Vorbedingungen
Vorbedingungen der Trainees

Vorgaben
Anzahl Supervisionsstunden/Tage
Auswahlkriterien für die Trainees
Anzahl der einzubringenden Fallbeispiele
Dokumentation der eingebrachten Fallbeispiele
Teilnahme und Mitarbeitsbestätigungen

Aufgaben der Trainee
Nachweise erbringen, z.B. Fallbeschreibungen, Lernprotokolle, schriftliche Vor- bzw. Nachbearbeitungen, Verträge der Lernsupervisionen, usw.

Aufgaben der Trainerin
Lenken und Überprüfen des Lernprozesses
Zwischenauswertung mit der Trainee

Konfliktregelung
Informationspflicht bei Konflikten
Verfahrensweisen im Konfliktfall

Informationsaustausch und Zusammenarbeit
Informationspflicht der Trainerin, insbesondere bei Nichterreichen der Lernziele
Regelung für die Zusammenarbeit zwischen Trainerin und Ausbildungsinstitut
Unterscheidung und Umgang mit ausbildungsrelevanten und vertraulichen Informationen

Rückkoppelung von Lernprozessen

Beschreibung, wie und in welcher Form Lernprozesse an die beteiligten
Personen überführt und wie die Ergebnisse evaluiert werden.

Prüfung/Überprüfung

Welche Ergebnisse werden überprüft bzw. geprüft?
Wie und von wem werden sie überprüft und bestätigt?
Gibt es ein rekursfähiges Prüfungsverfahren?

Evaluation

Ziel der Evaluation?
Welche Daten werden erhoben?
Wie wird evaluiert?
Wer evaluiert?
Was geschieht mit den Daten?
Was und wie reflektieren und evaluieren die Trainee, die Trainerin und
das Ausbildungsinstitut?
Welche Informationen werden ausgetauscht? Wie wird an der
Verbesserung der Lernprozesse und der Lehr- und Ausbildungs-
supervision gearbeitet?

Verbesserung

Wie fliessen die Ergebnisse und Informationen zusammen?
Wie ist der gemeinsame Verbesserungs- und Lernprozess geplant,
wie wird er durchgeführt und überprüft?

Dreiecksvertrag

Vorlage für den Dreiecksvertrag für Lehr- und Ausbildungssupervision

Vorlagen und Arbeitspapiere

Weitere Vorlagen von Arbeitspapieren und/oder Checklisten,
z. B. Stundenbestätigung, Bewertungsraster, Evaluationsbögen usw.

Tab. 13:   Checkliste für ein Konzept für Lehr- und Ausbildungssupervision

Das Konzept bildet den strukturellen Rahmen für die Ausrichtung und Verknüpfung von
Lern- und Lehrprozessen. Die Qualität der Prozesse lässt sich auf der Grundlage von
subjektiv bzw. objektiv überprüfbaren Qualitätsmerkmalen bewerten.

Subjektive und objektive Qualitätsmerkmale

Qualität wird in objektiv und subjektiv überprüfbare Merkmale unterteilt. Die objektiven Merkmale sind meist ausführlich in Qualitätshandbüchern beschrieben. Qualitätsmanagementsysteme wie EFQM, ISO, EduQua usw. geben Normen und Ordnungsstrukturen vor. Objektive Qualitätsmerkmale lassen sich zählen und messen, zum Beispiel durch Fragen wie: Ist ein Dreiecksvertrag vorhanden, ist er von allen unterschrieben worden, enthält er zu bestimmten Punkten eine Vereinbarung usw.

Die subjektiven Qualitätsmerkmale sind nicht quantifizierbar. Sie können nur durch ihre Wirksamkeit beschrieben und durch eine Einschätzung bewertet werden, die immer von Gefühlen, Stimmungen und Wahrnehmungen geprägt ist. Diese subjektive Bewertung hängt stark von der persönlichen Gewichtung der Erlebnisse und Ergebnisse und der Arbeitsbeziehung ab (Ernst Berit 2002). Deshalb spielen die Gestaltung der Arbeitsbeziehung und die dialogischen Fähigkeiten der beteiligten Akteure eine wichtige Rolle. Wer sich in der Arbeitsbeziehung sicher und ernst genommen fühlt, bewertet die Ergebnisse auch besser.

Die Wirksamkeit ist ein wichtiges Element für die subjektive Einschätzung der Qualität. Als besonders wirksam empfindet ein Trainee eine Situation, wenn er sich als handlungsfähig erlebt, Lernerkenntnisse formulieren und Entscheidungen für das eigene Handeln fällen und umsetzen kann, sich folglich als kompetent wahrnimmt.

Für die Bewertung von Qualität und Wirkung der Lehr- und Ausbildungssupervision sind sowohl die objektiven als auch die subjektiven Merkmale zu berücksichtigen.

Objektiv überprüfbare formale Merkmale	+	Subjektive Einschätzung der Wirkung und der Ergebnisse	

Die Qualität und Wirkung der Lehr- und Ausbildungssupervision

Objektiv feststellbare Qualitätsmerkmale zum Konzept, Dreiecksvertrag und Setting	+	Subjektive Einschätzung der Qualität der Wirkung und Ergebnisse

Abb. 10:   Die objektive und subjektive Bewertung der Qualität und Wirkung der Lehr- und Ausbildungssupervision

Zu den heute üblichen Standardanforderungen gehören die Qualitätsstandards, die durch Bildungsgesetze, Berufsverbände, Ausbildungsinstitute und Trainer gesetzt sind. Um die Qualität zu verbessern, werden die vorhandenen Qualitätsprozesse in für das Lernen wirksame Rückkoppelungsprozesse überführt. Rückkoppelungsprozesse sind Lern- und Lehrprozesse, welche in ihrem Verlauf an andere Personen oder Settings zur Bearbeitung weitergegeben und dann wiederum an die Personen am Anfang des Prozesses zurückgeführt werden. Ziel ist es, das Lernen der Trainee über verschiedene Settings hinweg zu fokussieren und zu intensivieren. Sie können für die Trainees über die gesamte Dauer der Ausbildung und für die Trainer darüber hinaus geführt werden – also als zirkulärer Lern- und Entwicklungsprozess aller beteiligten Personen. Im Gegensatz dazu sind Lernprozesse, deren Ergebnisse in keinem anderen Setting bearbeitet werden, nicht zirkulär aneinander geknüpft.

> Die Rückkoppelungsprozesse sind auf objektive und auf subjektive Qualitätsmerkmale auszurichten.

Zusammenfügen der einzelnen Qualitätsaspekte

Ein Grundprinzip im Qualitätsmanagement ist das systematische Vorgehen und Verbessern entlang der vier Schritte nach dem Prozessmodell, bekannt auch als PDCA-Kreis oder Deming-Kreis (Karl W. Wagner 2001):

- **Planen** (Plan)
- **Durchführen** (Do)
- **Überprüfen** (Check)
- **Verbessern** (Act)

Diese sind auch im handlungsorientierten Lernen wiederzufinden und darum mit den individuellen Lernprozessen kompatibel. Die Schlüsselkompetenzen eines Trainees lassen sich erst im Verlauf von Lern- und Bearbeitungsprozessen vollumfänglich beurteilen, indem untersucht wird: Wie flexibel kann der Trainee auf seine Ressourcen zurückgreifen und in verschiedenen Situationen ein angepasstes fachliches Konzept bilden, also seine Kompetenzen so nutzen, dass er kompetent ist?

Einerseits sollten im Qualitätsmanagementsystem die Prozesse der Lehr- und Ausbildungssupervision so gestaltet sein, dass der individuelle Lernprozess der Trainee und der Trainerin konsequent nach den vier Schritten abläuft. Andererseits findet eine Rückkoppelung der Lernergebnisse durch die Art der Gestaltung der Abläufe statt. Dies betrifft sowohl das Lernen der Trainee und die Art und Weise, wie die Lernerkenntnisse in die Ausbildungsgruppe und ans Ausbildungsinstitut angebunden werden, als auch das Lernen der Gesamtorganisation, indem Lernerkenntnisse der Trainerin ans Ausbildungsinstitut zurückfliessen. Ziel ist es, dass das individuelle und organisationale Lernen in einen gesteuerten, zielorientierten Lernprozess münden und die Kompetenz aller am Prozess Beteiligten zunimmt.

Die Rückkoppelung von Prozessen

Qualität und Wirkung ist das Ergebnis von Prozessen, d.h. von Abläufen, die zum gewünschten Ergebnis führen sollen. In der Lehr- und Ausbildungssupervision geht es hauptsächlich um Lernprozesse und das Ergebnis von Lernprozessen.

Einerseits erlebt der Trainee im Setting, mit welchen Mitteln Qualität und Wirkung erreicht werden kann, andererseits lernt er, wie er die Qualität und Wirkung seiner Beratung erhöhen kann. Er lernt also, wie er in konkreten Beratungssituationen ein fachliches Handlungskonzept bildet und dadurch seine Beratungsqualität verbessert.

Der Trainer zieht zudem die verschiedenen Kontextvariablen und Rahmenbedingungen des Qualitätsmanagementsystems in den Lernprozess mit ein. Auf dieser Grundlage entwickelt er die Interventionen, mit denen der Trainee die angestrebten Ergebnisse erreicht. Der Trainer berücksichtigt in der Lehr- und Ausbildungssupervision also immer die gegebenen Kontextfaktoren und den Dreiecksvertrag. Sie sind der Orientierungsrahmen für die Interventionsplanung und für Entscheidungen.

Die Art und Weise der Verknüpfung der Kontextvariablen und die Gestaltung der Qualitäts- und Evaluationsprozesse durch das Ausbildungsinstitut bieten diesen Rahmen. Je nach dem, wie die beteiligten Partner in die Zusammenarbeit eingebunden sind, kann weniger oder mehr Qualität in der Lehr- und Ausbildungssupervision erreicht werden. Sind die Prozesse als Rückkoppelungsprozesse zwischen den Akteuren im Dreiecksvertrag angelegt, können bessere Qualität und Wirkung erzielt werden.

Beispiel eines rückgekoppelten Lernprozesses aus der Gruppenlehrsupervision:

≪ 1 ■ Die Trainee erzählt in der vierten von acht Gruppenlehrsupervisio-
nen, dass sie noch immer keinen Kunden habe und nochmals darüber
sprechen möchte, wie man akquiriert.
Die Trainerin macht sie auf die Vorgaben des Ausbildungsinstitutes aufmerksam, dass zwei eigene Fallbeispiele eingebracht werden müssen.
Tut sie das nicht, erfolgt eine Rückmeldung an die Ausbildungsleitung.
Dieser Hinweis führt zu Gesprächen mit der Trainee, wie sie das Aus-
bildungsziel erreichen könnte.

Weiterführende Überlegungen:
Die Trainerin nimmt Bezug auf den objektiv überprüfbaren Standard
der Ausbildungsinstitution: Anzahl der einzubringenden Fallbeispiele.
Damit ist das Thema angesprochen, jedoch noch keine Lösung bzw.
Entscheidung herbeigeführt.

2 ■ Die Trainerin bittet die Trainee, ihre Gefühle und Überlegungen
vor, während und nach einem Akquisitionsgespräch zu beschreiben. Sie
ist zu einem Rollenspiel in der Gruppe bereit. Durch die Rückmeldungen
der anderen Trainees und die Reflexion erkennt sie, dass sie «sich verkaufen» und eine «Dienstleistung verkaufen» als dasselbe betrachtet.

Weiterführende Überlegungen:
Die Lerngruppe ist in den Lernprozess einbezogen. Die Trainee hat die
Komfortzone verlassen und eine wichtige Lernerkenntnis über sich
selbst gewonnen. Die Trainerin gibt sich mit dem Hinweis auf den ob-
jektiven Standard «Anzahl eingebrachte Fallbeispiele» nicht zufrieden.
Sie führt die Trainee mit Hilfe der Gruppe zu einer grösseren Bear-
beitungstiefe. Die Trainee macht eine wesentliche Lernerfahrung in
Bezug auf ihre Haltung und ihr Verständnis von Akquisition.

3 ■ Die Trainerin versucht, eine Entscheidung für eine Haltungsänderung herbeizuführen und fragt die Trainee, ob sie ihre Haltung verändern wolle und wie diese veränderte Haltung aussehen würde. Die
Trainee beschreibt, welche Haltung sie zukünftig einnehmen möchte.
Die Trainerin fordert sie auf, sich klar für diese neue Haltung zu ent-
scheiden und zu beschreiben, wie sie sie konkret umsetzen wird. Die
Trainee entscheidet sich für eine Veränderung und schliesst mit sich
selbst eine Vereinbarung über ihre nächste Akquisitionstätigkeit ab.

Weiterführende Überlegungen:
Die Trainerin führt die Trainee zu Entscheidungen, wie sie die Erkennt-
nis umsetzen wird. Damit lässt sich die Bearbeitungstiefe und das
Potenzial für das Verändern von Handlungen nochmals steigern. Die
Vereinbarung mit sich selbst hat zum Ziel, die Umsetzung der Haltungs-
änderung zu unterstützen und das Lernen in neuen Mustern zu festi-
gen. Dieses Vorgehen bezieht sich auf subjektive Qualitätsmerkmale.
Es entspricht den vier Schritten auf der Ebene des individuellen
Lernens.

4 ■ Nach dem Lernprozess mit der Trainee und der Gruppe reflektiert die
Trainerin ihr eigenes Vorgehen und die einzelnen Interventionen.
Ziel ist es, auf der Metaebene, unter Einbezug des eigenen Erlebens,
die fallbezogene Konzeptbildung zu verstehen, fachlich zu erklären und
daraus Schlussfolgerungen für das eigene Lernen zu ziehen.

Weiterführende Überlegungen:
Der Reflexionsteil in der Gruppenlehrsupervision bezieht sich nicht nur
auf die Reflexion des eigenen Lernprozesses. Es ist, und das ist das
Besondere in der Lehrsupervision, auch eine fachliche Reflexion darüber, wie Beratung geschieht, wie sie gemacht wird, welche Interventionen wirken und wie diese wirken. Damit steht die fachliche Konzeptbildung für die spezifische Beratungssituation im Zentrum.

5 ■ Der Lernprozess gewinnt für die Lerngruppe nochmals an Bearbeitungstiefe, wenn die Trainees den Lernprozess und das -ergebnis in einem Lernprotokoll beschreiben.

Mit der Bearbeitung des Themas in der Gruppe erfolgt eine erste Rückkoppelung an das System Lerngruppe. Es ist möglich, diese Rückkoppelung weiter zu führen. Die Lerngruppe kann zum Beispiel ihre Akquisitionskonzepte und -erkenntnisse der gesamten Ausbildungsgruppe vorstellen, indem sie im Rollenspiel akquiriert. Auf diese Weise fliessen die Lernprozesse als positiv gesteuerte Parallelprozesse in die Ausbildungsgruppe.

Das Thema kann zudem im Theorieteil nochmals bearbeitet werden, wenn die Trainerin oder die Lerngruppe den Dozenten des Unterrichts darüber informiert. Das Lernthema kann auch über einen längeren Zeitraum in verschiedenen Settings wieder aufgenommen werden zum Beispiel in einem Feedbackgespräch mit der Trainerin, in einer Fremd- und Selbstevaluation, in der Peer Group oder in einer Lernpartnerschaft. Die eigentliche Rückkoppelung entsteht in diesem Prozess erst, wenn über die Schnittstellen zu den verschiedenen Settings hinweg der Lernprozess zielgerichtet geplant, durchgeführt, überprüft und verbessert wird. »

In ihrer Arbeit orientiert sich die Trainerin am Dreiecksvertrag, der eingebettet ist in den Kontext, die formalen Rahmenbedingungen und das Konzept bzw. Qualitätsmanagementsystem der am Prozess beteiligten Partner. Aus diesem Gefüge werden die Theorien, Konzepte und Methoden bestimmt, die in der Lehr- und Ausbildungssupervision angewendet werden. Zudem leitet die Trainerin daraus ethische und handlungsleitende Entscheidungsprinzipien für ihre Interventionen ab.

Beispiel aus der Ausbildungssupervision:

« Im Konzept für Ausbildungssupervision ist der Informationsfluss zwischen Ausbildungssupervisorin und Ausbildungsinstitut geregelt. Darin heisst es unter anderem: «Falls sich abzeichnet, dass die Auszubildende die vorgegebenen Lernziele nicht erreicht, informiert die Ausbildungssupervisorin die Ausbildungsleitung.»

In der Ausbildungssupervision beschwert sich eine Trainee über diese Vorgabe. Sie findet, diese überschreite die Grenzen des vertraulichen Rahmens. Die Supervisorin sei verpflichtet, die Informationen aus der Ausbildungssupervision generell für sich zu behalten.

Daraus entwickelt sich eine aufgeregte Diskussion in der Ausbildungsgruppe. Die Trainerin macht deutlich, dass es ihre Aufgabe ist, das Lernen der Trainees zu fordern und zu fördern und dass es deren Aufgabe ist, die definierten Lernergebnisse zu erreichen. Dazu müssten aufgabenbezogene, das Lernen betreffende Informationen der Ausbildungleitung gemeldet werden. Persönliche Informationen, welche die Aufgaben und das Lernen nicht tangieren, bleiben vertraulich. Umgekehrt hat auch die Trainee eine Meldepflicht an das Ausbildungsinstitut, wenn die Trainerin nicht so handelt, dass Ausbildungsziele erreicht werden können.

Weiterführende Überlegungen:

Die Art und Weise, wie sich Loyalität gegenüber Personen, Aufgaben und Organisationen unterscheidet, wird von Trainees häufig vermischt. Den Umgang mit Loyalität zu erklären, zu klären und als Ordnungsprinzip für Entscheidungen in der Beratung zu nutzen, ist ein wichtiger Aspekt, um die Berufsrolle professionell ausüben zu können.

Aus den Anfängen der Supervision und der Lehr- und Ausbildungssupervision geistert immer noch die Grundannahme herum, dass das Lernen in der Lehr- und Ausbildungssupervision in einem persönlichen und geschützten Rahmen stattfinden soll. Dem heutigen Verständnis von Professionalität und Lernen entspricht diese Auffassung nicht mehr. Schliesslich fliessen unter anderem auch die persönliche Grundhaltung und die private Entwicklung eines Beraters in seine Tätigkeit mit ein. Deshalb sind auch persönliche Haltungen und Prozesse im Ausbildungskontext ein Lernthema und als solche zu überprüfen bzw. gegebenenfalls zu verändern.

In diesem Beispiel ist ein einfacher Rückkoppelungsprozess im Konzept thematisiert. Er kann verschieden ausgestaltet werden, zum Beispiel indem die Trainerin die Lernthemen der Trainees in einem Treffen mit anderen Trainerinnen im Ausbildungsinstitut bespricht und daraus Schlussfolgerungen für die weitere Unterrichtsgestaltung oder für die Förderung einzelner Personen zieht.

Beispiel für die Weiterführung des Lernprozesses anhand des Deming-Kreises:
Aus der Rückmeldung der Trainee könnte das Ausbildungsinstitut eine Lernaufgabe für sie entwickeln (planen), zum Beispiel eine Fallstudie zum Thema Vertragsarbeit und Loyalität. Daraus ergehen Lernaufträge an die Trainees, die sie in der Lehr- und Ausbildungssupervision besprechen (durchführen). Ausbildungsleitung, Trainerin und Trainee bewerten gemeinsam die Lernergebnisse in einem Gespräch (überprüfen) und leiten daraus Verbesserungen für die Trainee, die Trainerin und das Ausbildungsinstitut ab (verbessern).
Im Weiteren erfolgt nun die Rückkoppelung des Lernprozesses: Die Trainee erhält ein Feedback von den Trainern und erarbeitet daraus weitere individuelle Lernziele und -themen. Diese bespricht sie in einer Peer-Gruppe und bringt die Lernziele wieder in die Lehr- und Ausbildungssupervision. »

Rückkoppelungsprozesse können verschieden gestaltet werden. Immer geht es darum, den Lernprozess der Trainee in ein nächstes Setting zu übergeben, durchgehend zu steuern und auf die Ergebnisse hin zu überprüfen und weiterzuführen. Das Ziel besteht immer darin, das Lernergebnis und die Bearbeitungstiefe der Trainee zu verbessern, aber auch darin, dass das Ausbildungsinstitut und die Trainerin in der Erfüllung ihrer Arbeit lernen und die Qualität und Wirksamkeit kontinuierlich steigern, mindestens aber die geforderte Qualität halten können.

Beispiel für einen rückgekoppelten Lernprozess:

« Im Unterricht wird eine Selbstevaluationsaufgabe zu den Schlüssel-kompetenzen gestellt. Die Trainees besprechen die Ergebnisse in Klein-gruppen und geben einander Rückmeldung. Das daraus extrahierte Lernthema nimmt die Trainee wieder zur Bearbeitung in die Lehr- und Ausbildungssupervision mit, und es fliesst in die Lernziele ein. Die Trai-nerinnen aller relevanten Ausbildungsteile und die Trainerinnen der Lehr- und Ausbildungssupervision besprechen den Lernprozess und die Lernergebnisse der Trainees. Jeweils zwei Trainerinnen behandeln die Schwerpunktthemen aus der Selbstevaluation und den Rückmeldungen der Trainerinnen im Unterricht. Gemeinsam werden die wichtigsten Lernthemen und das Vorgehen für die weitere Ausbildung festgelegt. Der Lernprozess wird halbjährlich in unterschiedlichen Settings auf die Zielerreichung hin überprüft; entsprechende Verbesserungen werden in die Wege geleitet. Die Verantwortung für die Steuerung der Lern-prozesse liegt bei der Trainerin und der Trainee. »

Rückkoppelungsprozesse und Evaluation

Die Evaluation ist ein fester Bestandteil des Qualitätsmanagements. Sie beinhaltet die Überprüfung, Bewertung und kontinuierliche Verbesserung der geforderten und festgelegten Ergebnisse. Dabei wird überprüft, ob das Vorgehen zielgerichtet geplant und systematisch durchgeführt wird sowie zu den gewünschten Ergebnissen bzw. Wirkungen führt. Bei dieser Evaluation der Ergebnisse und Wirkungen sind alle beteiligten Ansprechgruppen gefordert: Trainee und Trainerin, das Management und Mitarbeiterinnen des Ausbildungsinstitutes sowie im Umfeld beteiligte oder interessierte Gruppen wie zum Beispiel Berufsverbände, Verwaltungen usw.

Erfasst werden in der Evaluation die subjektiven Qualitätsmerkmale. Auf der Ebene der Arbeitsbeziehung zwischen Trainer und Trainee sind es die selbstreflexiven Prozesse der direkt beteiligten Personen, welche die Bewertung der Wirksamkeit erlauben. Die Wirkfaktoren, nach denen sich Trainerin und Trainee im Lernprozess richten, können als Indikatoren für die Evaluation herangezogen werden.

Auf der Ebene des Dreiecksvertrages sind es Koppelungsprozesse, welche die beteiligten Personen in einer Selbst- und/oder Fremdevaluation bewerten. Die gewonnenen Daten – Einschätzungen, Belege, Nachweise usw. – werden rückgekoppelt, das heisst Handlungsempfehlungen, Veränderungsmassnahmen und Verbesserungen für die beteiligten Personen, Verfahren und Abläufe werden ab- und eingeleitet.

Ein Grundgedanke des Qualitätsmanagements ist das systematische Verbessern und Lernen aller beteiligten Personen. Daraus kann sich ein permanenter Evaluations- und Lernprozess entwickeln. Wird er auf verschiedenen Hierarchieebenen im Ausbildungsinstitut weitergeführt und verknüpft, mündet er in eine «Lernende Organisation».

Eine Zukunftsvision ist das gemeinsame Lernen verschiedener Akteure im Bereich Lehr- und Ausbildungssupervision. Dazu könnte die Selbst- und Fremdevaluation der Lehr- und Ausbildungssupervision durch Benchmarking-Vergleiche ergänzt und dadurch möglicherweise aussagekräftiger werden.

Kreislauf des organisationalen Lernens

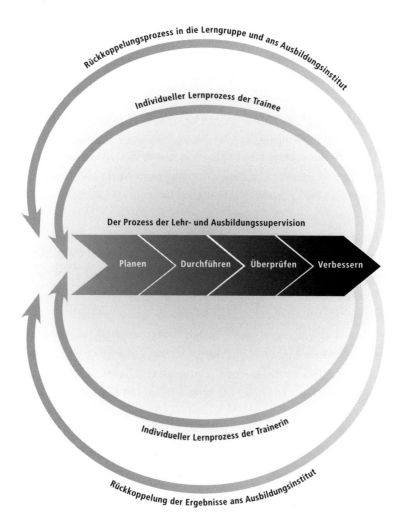

Abb. 11:   Kreislauf des organisationalen Lernens in der Lehr- und Ausbildungssupervision

Voraussetzungen für eine sehr gute Qualität und Wirkung

Ein Beispiel aus dem Sport soll zeigen, was Qualität und Wirkung sind: Damit ein Sportteam in der obersten Liga spielen kann, braucht es entsprechendes Potenzial und Ressourcen der Spielerinnen und der Trainerinnen, gute Bedingungen und Ressourcen im Umfeld und natürlich Training und Erfahrung.

In der Ausbildung und Lehre ist es ebenso. Die Qualität und die Wirksamkeit der Lehr- und Ausbildungssupervision nehmen zu, wenn das Ausbildungsinstitut das Potenzial und die Ressourcen der beteiligten Personen, die für die Ausbildung vorhanden sein sollten, festlegt, überprüft und weiter entwickelt.

Um eine gute Qualität und Wirkung zu erreichen, ist ein sorgfältiges und zielgerichtetes Management von Potenzial und Ressourcen Voraussetzung. Damit schliesst sich der Kreis. Ausgehend von der Ergebnisbeschreibung für die verschiedenen Ansprechgruppen einer Ausbildung führt der Prozess wieder an den Ausgangspunkt:

> Wer hat welche Aufgaben zur Ergebniserreichung zu erfüllen?

> Wer muss über welche Wissens- und Handlungskompetenzen verfügen, damit Ergebnisse mit der gewünschten Qualität und Wirkung erreicht werden können, die über die Standardanforderungen hinausgehen?

Kooperation und Koproduktion

Die gute Qualität und Wirkung einer Ausbildung ist eine Koproduktion, ein im Teamwork erreichtes Ergebnis.

Die Auswahl und die Anbindung der Trainer an das Ausbildungsinstitut sollte eine Win-Win-Situation schaffen, mit der das Einbringen von Zeit, Know-how, Weiterentwicklung usw. in die Zusammenarbeit für alle beteiligten Personen zum Gewinn wird.

Die Überprüfung und Umsetzung dieser Kriterien geschieht im Spannungsfeld von Aufwand, Kosten und Nutzen. Für beide Seiten stellt sich die Frage: Wie viel von der Zusammenarbeit ist für das Ausbildungsinstitut und was für die Trainerinnen bezahlbar? Trainerinnen sind meist freiberuflich tätig, und ihre Kosten-Nutzen-Rechnung muss ebenso ausgewogen sein wie die des Ausbildungsinstituts. Eine faire Verteilung von Aufwand, Kosten und Nutzen erleichtert für alle Beteiligten die permanente, konstruktive Zusammenarbeit.

Aufgaben des Ausbildungsinstituts

Das Ausbildungsinstitut führt die Regie in der Koproduktion Lehr- und Ausbildungssupervision. Es bestimmt, in welchem Ausmass die einzelnen Akteure ihre Ressourcen
einbringen und nutzen können.

Das Ausbildungsinstitut kann

- durch die Prüfung des Potenzials und der Ressourcen bei der Auswahl
  der Fachpersonen und der Trainees

- und durch die qualitativen Vorgaben mittels eines schriftlichen Konzeptes oder noch besser durch ein Qualitätsmanagementsystem mit
  Rückkoppelungsprozessen

  die Qualität und Wirksamkeit der Lehr- und Ausbildungssupervision
  lenken und permanent verbessern.

Die Verantwortung für die Gestaltung von rückgekoppelten Lernprozessen liegt beim
Ausbildungsinstitut. Es bestimmt, ob die Erfüllung der Standardanforderungen aus-
reicht oder ob es einen höheren Qualitätslevel mit den beteiligten Personen erzielen
möchte.

Wichtig ist, dass die Aufnahmekriterien und die zu erreichenden Austrittskompetenzen am Ende der Lehr- und Ausbildungssupervision sowie das Überprüfungsverfahren
differenziert beschrieben werden. Es ist Aufgabe des Ausbildungsinstituts, die Prozesse der Lehr- und Ausbildungssupervisionen zu evaluieren und daraus Massnahmen zur
Verbesserung abzuleiten. Die Evaluation sollte sowohl durch objektive und subjektive
Qualitätsmerkmale als auch Selbst- und Fremdevaluation erfolgen.

Diese Anforderungen lassen sich mit einem Qualitätsmanagementsystem
erfassen, das konsequent nach den vier Schritten ausgelegt ist: planen, umsetzen,
durchführen und überprüfen. Da Lernen ein Prozess mit sehr vielen subjektiven Qualitätsmerkmalen ist, muss besonders auf die ausgewogene Beschreibung und Überprüfung der subjektiven Qualitätsmerkmale geachtet werden.

Das heisst:

- Das Qualitätsmanagementsystem berücksichtigt subjektive und objektive Qualitätsmerkmale gleichermassen und bietet ein umfassendes Modell für die Gestaltung der Organisation und deren Prozesse.

- Das Erreichen von Ergebnissen steht im Mittelpunkt. Prozesse zum Erreichen definierter Ergebnisse können geplant, strukturiert durchgeführt und systematisch ausgewertet und verbessert, also rückgekoppelt werden. Diese Ergebnisfokussierung bei subjektiv wie objektiv zu bewertenden Ergebnissen ist direkt auf Lernprozesse übertragbar. Es ist also mit den Lernzielstufen und mit der Handlungsorientierung vonLernprozessen kompatibel.

- Es bietet ein ausgefeiltes System zur Evaluation und Selbstevaluation für die Organisation und ihre Vorgehensweise. Diese kann sehr gut verbunden werden mit der Reflexion und Auswertung von Lernprozessen. Die Prozesse sind rückgekoppelt angelegt.

In diesen Punkten besteht der markante Unterschied, ob ein Ausbildungsinstitut lediglich Standardanforderungen erfüllt oder darüber hinaus eine qualitativ hochstehende Ausbildung anbietet.

Aufgabe des Ausbildungsinstituts ist die Auswahl der Trainees

Die Kriterien für die Aufnahme der Trainees in die Ausbildung sollten schriftlich vorliegen, fachlich begründet sein und vom Ausbildungsinstitut auch überprüft werden – d.h., Trainees sollen auch abgelehnt bzw. im Lauf der Ausbildung in begründeten Fällen ausgeschlossen werden können. Das Ausbildungsinstitut prüft also die Eintrittskompetenzen ebenso wie die Austrittskompetenzen im Falle eines Abschlusses der Ausbildung. Auch das stellt eigentlich eine Standardanforderung dar und ist üblicherweise im Ausbildungskonzept beschrieben. Es wird jedoch von Ausbildungsinstituten sehr unterschiedlich gehandhabt. Für ein nicht öffentlich mitfinanziertes Ausbildungsinstitut kann es zur finanziellen Existenzfrage werden, genügend Personen in einen Lehrgang aufzunehmen bzw. zu behalten.

Die Selektion ist eine gute Grundlage für eine hohe fachliche Qualität der Ausbildung.

Dabei stellen sich folgende Anforderungen an die Trainee:

- Ausbildungshintergrund, Weiterbildungen und Abschlüsse je nach Ausbildungsniveau des Ausbildungsinstitutes und des entsprechenden Lehrgangs.

- Fachliche Kriterien in Bezug auf Schlüsselkompetenzen zum Zeitpunkt des Eintritts, z.B. Kommunikationsverhalten, Überblick über Prozesse in Mehrpersonengesprächen, Kooperationsfähigkeiten, Lernverhalten, methodische Kenntnisse, Motivation und Grundhaltung usw.

- Persönliche Fähigkeiten, die für die Integration in den Ausbildungsprozess und die Lerngruppe notwendig sind.

Die Aufgaben der Trainer

Das Ausbildungsinstitut wählt Trainer und Trainerinnen für die Lehr- und Ausbildungssupervision. Damit legt es den Grundstein zum Erreichen einer hohen Qualität in der Ausbildung.

Entscheidend für die Auswahl ist:

- das Potenzial, das der Trainer mitbringt;

- seine Bereitschaft, Einblick in seine Arbeit zu gestatten und die eigene Arbeitsweise mit dem Ausbildungsinstitut und anderen Trainern zu reflektieren, zu evaluieren und zu verbessern;

- Das heisst: die Bereitschaft, sich gemeinsam weiterzuentwickeln, sich also aktiv in rückgekoppelte Lernprozesse einzubringen und selbst zu lernen. Dies verlangt Offenheit und Transparenz im Bezug auf das eigene fachliche Konzept, das Vorgehen und die konkrete Interventionsplanung.

Die Trainerin hat die Führungsrolle im Lernprozess inne. Sie bestimmt die Arbeitsbeziehung und die Wirksamkeit der Lehr- und Ausbildungssupervision. Ihre Schlüsselkompetenzen und Erfahrungen als Beraterin und als Ausbilderin spielen dabei eine wichtige Rolle.

Manche Berufsverbände stellen Bedingungen an den Erfahrungshintergrund der Trainerin wie zum Beispiel vorhandene Berufserfahrung und Kenntnisse in verschiedenen Arbeitsfeldern. Einige Ausbildungsinstitute definieren spezielle Kenntnisse und Handlungskompetenzen, zum Beispiel über eine bestimmte Methode, und verlangen entsprechende Nachweise.

Auch hier gilt: Austauschgefässe für die Koordination der Zusammenarbeit sind Standardanforderung. Was darüber hinaus geht, sind rückgekoppelte Lern- und organisationale Prozesse zwischen Ausbildungsinstitut und Trainer.

Zu den Aufgaben der Trainerin gehört es:

1. Lernprozesse zu moderieren und zu Ergebnissen zu führen,

2. Rückkoppelungsprozesse in Lehr- und Lernprozessen und mit dem Ausbildungsinstitut zu gestalten,

3. für ausreichend Berufserfahrung und Weiterbildung im Bereich der Lehr- und Ausbildungssupervision und in der Lehre zu sorgen,

4. bereit zu sein, die eigenen ethischen und handlungsleitenden Grundannahmen ständig zu überprüfen,

5. die Kompetenzen in der Beurteilung und Bewertung von Lernprozessen und subjektiven wie objektiven Qualitätsstandards zu vertiefen,

6. regelmässig Weiterbildungen im Bereich der Lehr- und Ausbildungssupervision zu absolvieren.

Dabei handelt es sich im Grunde um Standardanforderungen an eine Trainerin, die als selbstverständlich vorausgesetzt werden können. Da jedoch die Lehrsupervision in Ausbildungen ein relativ ungeregeltes Arbeitsfeld ist, gibt es in manchen Instituten kaum Regeln für die Auswahl der Lehrsupervisorinnen. In erster Linie werden sie eher aufgrund von Beziehungen anstatt von fachlich definierten Kriterien ausgewählt (vgl. Astrid Hassler / David Köpfli 2006).

Im Ausbildungsfeld für Berater und Beraterinnen fehlen spezifische Weiter- und Ausbildungsmöglichkeiten für Lehr- und Ausbildungssupervisorinnen. Hier ist noch viel Potenzial zur Verbesserung vorhanden, damit sich das Gestalten von rückgekoppelten Prozessen zu einem allgemeinen Standard entwickelt.

Trainerinnen sollten mit den Grundlagen des Lernens und Lehrens vertraut sein und darüber einen Leistungsausweis erbringen. In der Praxis ist das bis heute in einigen Ländern noch nicht der Fall. Standards von Berufsverbänden könnten zur Professionalisierung der Lehr- und Ausbildungssupervision beitragen. Manche Ausbildungsinstitute füllen hier die Lücke, indem sie an Lehrenden-Treffen Weiterbildungen anbieten.

Der Umfang der Berufserfahrung als Voraussetzung für die Arbeit als Trainerin wird von Land zu Land und von Ausbildungsinstitut zu Ausbildungsinstitut sehr unterschiedlich gehandhabt. Manche fordern 20 bis 30 selbst durchgeführte Beratungsprozesse. Das ist sehr wenig. Es sollten mindestens fünf Jahre Berufserfahrung sein. Diese Zeit ist gemessen an einer Vollzeitarbeit. Dazu sollte die Fachperson auch Weiterbildungen im Beratungsbereich besucht haben, als Nachweis, dass sie sich auch auf theoretisch-konzeptioneller Ebene mit Beratung beschäftigt hat.

Schlussendlich sollte sich die Fachperson permanent mit dem eigenen Lernen und den handlungsleitenden Grundannahmen auseinandersetzen. Ihre Persönlichkeit und die Beweggründe für diese Tätigkeit sind Teil der Wirksamkeit in der Lehr- und Ausbildungssupervision. Diese Selbstreflexion und die daraus resultierende Fähigkeit zur Selbststeuerung sollte in einer Intervisionsgruppe für Lehr- und Ausbildungssupervisorinnen begleitet und immer wieder überprüft werden. Aufgrund ihrer Machtstellung als Trainerin und evtl. Beurteilerin wagen es manche Trainees kaum, Rückmeldungen und Regulative über das Verhalten der Trainerin zu geben, was dazu führen kann, dass hinderliche Muster und Parallelprozesse in der Arbeitsbeziehung zu wenig reflektiert werden. Zur Sorgfaltspflicht der Trainerin und des Ausbildungsinstitutes gehört es, dieses Risiko einzudämmen bzw. die Rahmenbedingungen zu schaffen, damit die Fachpersonen ihre Aufgaben angemessen und konstruktiv erfüllen können.

In den bisherigen vier Kapiteln wurde das Thema Lehr- und Ausbildungssupervision ausgehend von den Grundlagen und Rahmenbedingungen bis hin zu der Rückkoppelung von Lehr- und Lernprozessen betrachtet.

Im letzten Kapitel wird nun das Modell vorgestellt, das Strukturen, Zusammenhänge und Abläufe grafisch verdeutlicht und damit die bisherigen Erkenntnisse zusammenfasst.

5. Kapitel

Das Modell für Lehr- und Ausbildungssupervision:

LE-A-S Modell®

Das abschliessende Kapitel behandelt das Zusammenfügen der einzelnen Bausteine zu einem Gesamtgefüge. Dieses Modell soll einerseits die Struktur wiedergeben und andererseits das Muster der Zusammenhänge und Abläufe aufzeigen. Es ist der rote Faden für die Orientierung in der Lehr- und Ausbildungssupervision. Ziel ist es, ein Modell zur Orientierung und Erreichung einer Best Practice der Lehr- und Ausbildungssupervision für die praktische Arbeit zur Verfügung zu haben.

Das LE-A-S Modell® ist das Fundament, auf dem sich die Prozesse aufbauen, aneinander binden und miteinander verweben lassen. Es gibt die Struktur und den Rahmen für die in diesem Buch beschriebenen Bauteile vor.

Das LE A S Modell ® lässt sich entlang des Dreieckvertrages «lesen».

Der Dreiecksvertrag

- ist eingebunden in und abhängig vom umgebenden Zusammenhang, also die gesetzlichen und bildungspolitischen Kontextbedingungen.

- ist geregelt durch die Rahmenbedingungen des Ausbildungsinstitutes, das Ausbildungskonzept und Qualitätsmanagementsystem.

Daraus ergeben sich die Grundlagen und Standardanforderungen für die Lehr- und Ausbildungssupervision. Sie sind sozusagen das Fundament, auf dem die Beteiligten die Prozesse aufbauen.

Die Prozesse sind im Setting Lehr- und Ausbildungssupervision entlang der

- objektiven und subjektiven Qualitätsmerkmale

- der Wirkfaktoren

- der fachlichen Konzeptbildung

- der Prüfung und Beurteilung (Ziel- und Ergebnisüberprüfung)

- und durch die Rückkoppelung von Lern- und Verbesserungsprozessen ausdifferenziert.

Das LE-A-S Modell ® gibt sowohl den Spielplan als auch die Regieanweisungen, damit sich die Akteure im komplexen Geschehen der Prozesse in der Lehr- und Ausbildungs- supervision orientieren und in ihrem professionellen Handeln danach richten können.

Bezugsrahmen von Lehr- und Ausbildungssupervision

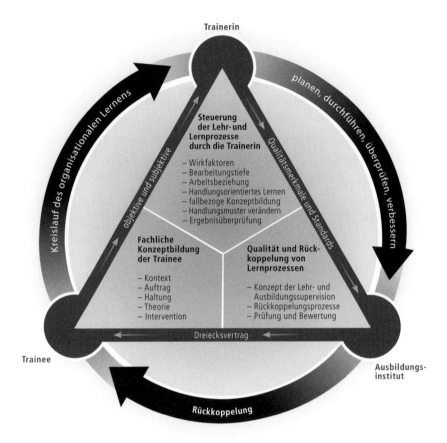

Kontext der Ausbildung, Rechtsgrundlage

Abb. 12 :   Das LE-A-S Modell®
              Das Modell für Lehr- und Ausbildungssupervision (vgl. 1.Kapitel)

Das LE-A-S Modell® hilft, die Komplexität des Geschehens in der Lehr- und Ausbildungssupervision zu reduzieren. Es dient der Vereinfachung, Orientierung und Lenkung von
Lern- und Entwicklungsprozessen. Das Modell ist ein Werkzeug und als solches nur so
gut, wie die Trainer es in einer Koproduktion mit den Ausbildungsinstituten und den
Trainees anwenden können.

Ausblick

Das Anliegen, die Lehr- und Ausbildungssupervision qualitativ zu verbessern, birgt berufspolitisch heisse Themen in sich, von Fragen des Marktes für Lehr- und Ausbildungssupervision bis hin zu den fachlichen Vorstellungen, was gute Beratung ist und wie sie vermittelt werden kann. Die Ausbildungskonzepte der einzelnen Ausbildungsinstitutionen sind trotz Bologna-Reform mitunter sehr unterschiedlich. In den vergangenen zwanzig Jahren wurden Anstrengungen unternommen, um Theorien und Methoden von Beratung im Allgemeinen, von Supervision, Coaching und Organisationsentwicklung im Besonderen differenziert und umfassend weiterzuentwickeln. Dies gilt jedoch kaum für Theorien und Methoden, wie Beratung gelernt und gelehrt wird oder wie Lernergebnisse in der Lehr- und Ausbildungssupervision überprüft werden. Sie wurden von den Fachpersonen der Berater und Trainer vernachlässigt. Für die Lehr- und Ausbildungssupervision besteht folglich ein hoher Entwicklungsbedarf.

Fachpersonen, Berufsverbände und Ausbildungsinstitutionen sind gleichermassen gefordert, einen weiteren Professionalisierungsschub anzustossen, zum Beispiel durch:

- die Unterstützung institutsübergreifender Weiterbildungen für Trainerinnen für Lehr- und Ausbildungssupervision. In einigen Ländern existieren bereits solche Weiterbildungen;

- die stärkere Gewichtung des Praxisteils der Ausbildung, z. B. durch eine Prüfung für die Trainees, welche die Ausbildungsinstitute durchführen. Dies betrifft vor allem die Ausbildungen für Supervision, Coaching und Organisationsentwicklung. Berufsverbände können den Fachaustausch fördern durch Netzwerke, speziell für die Lehr- und Ausbildungssupervision und Publikationen zum Thema;

- die Vorantreibung der fachlichen Entwicklung durch die Vorgabe von höheren Qualitätsstandards für die Lehr- und Ausbildungssupervision.

Modelle und Werkzeuge entwickeln sich in ihrer Anwendung weiter. Fachpersonen und Interessierte sind eingeladen, das Modell zu diskutieren, zu erweitern und schlussendlich in der Koproduktion das gemeinsame Verständnis in der Auffassung von Lehr- und Ausbildungssupervision zu vertiefen.

Literaturverzeichnis

Argyris, Chris: «Wissen in Aktion».
Eine Fallstudie zur lernenden Organisation.
Klett-Cotta, Stuttgart 1997

Arnold, Wilhelm/Eysenck, Hans Jürgen/Meili, Richard (Hrsg.):
«Lexikon der Psychologie». Band 1-3.
Herder, Freiburg im Breisgau 1988

Berit, Ernst: «Die Evaluation von Beratungsleistungen».
Prozesse der Wahrnehmung und Bewertung.
Deutscher Universitäts Verlag, Wiesbaden 2002

Berker, Peter/Buer, Ferdinand (Hrsg.):
«Praxisnahe Supervisionsforschung: Felder – Designs – Ergebnisse».
Votum Verlag GmbH, Münster 1998

Besser, Ralf: Transfer: «Damit Seminare Früchte tragen».
Beltz Verlag, Weinheim und Basel 2001

Boettcher, Wolfgang/Leuschner, Gerhard (Hrsg.):
«Lehrsupervision. Beiträge zur Konzeptentwicklung».
Wissenschaftlicher Verlag des Instituts für Beratung und Supervision, Aachen 1990

Berker, Peter: «Ein Ort für Qualität: Supervision».
In Qualitätsentwicklung durch Supervision.
Kühl, Wolfgang (Hrsg.), Votum Verlag GmbH, Münster 1999

Berufsverband für Supervision und Organisationsberatung
Schweiz BSO (Auftraggeber):
Abschlussbericht der Befragung «Bedarfsabklärung Lehrsupervision».
Zürich, 2000

Buer, Ferdinand (Hrsg.): «Lehrbuch der Supervision».
Votum Verlag GmbH, Münster 1999

Denner Liselotte: «Supervision und Pädagogische Fallbesprechung an Schulen».
Entwicklung und Design einer Fallstudie.
In: Praxisnahe Supervisionsforschung: Felder – Designs – Ergebnisse.
Berker, Peter/Buer, Ferdinand (Hrsg.), Votum Verlag GmbH, Münster 1998

Duden, Etymologie: «Herkunftswörterbuch der deutschen Sprache».
Band 7. Dudenverlag, Mannheim 1989

Eckhardt, Ulrike-Luise/Richter, Kurt F./Schulte, Hans Gerd (Hrsg.):
«System Lehrsupervision».
Wissenschaftlicher Verlag des Instituts für Beratung und Supervision, Aachen 1997

Fatzer, Gerhard/Eck, D. Claus (Hrsg.):
«Supervision und Beratung: ein Handbuch».
Ed. Humanist. Psychologie, Köln 1990

Fox, Renata: «Konzeptgedanken zur Lehrsupervision».
Deutsche Gesellschaft für Supervision, DGSv-aktuell 1/98 Positionen.
1998

Gonon, Philipp et. al.: «Qualitätssysteme auf dem Prüfstand».
Die neue Qualitätsdiskussion in Schule und Bildung – Analyse und Perspektiven.
Verlag Sauerländer, Aarau 2001

Hager, Willi/Patry, Jean-Luc/Brezing, Hermann (Hrsg.):
«Handbuch Evaluation psychologischer Interventionsmassnahmen».
Standards und Kriterien.
Verlag Hans Huber, Bern 2000

Haller, Sabine: «Beurteilung von Dienstleistungsqualität: dynamische Betrachtung
des Qualitätsurteils im Weiterbildungsbereich».
Verlag Gabler, Wiesbaden 1995

Hassler, Astrid: «Indikatorenkatalog zur Evaluation von Qualität in der Lehrsupervision».
Master Thesis. Donau Universität Krems 2002

Hassler, Astrid/Köpfli, David: «Orientierung im Wildwuchs der Lehrsupervision».
In: Profile 11. 2006, Seite 74-78, Verlag EHP, Bergisch Gladbach

Holloway, Elizabeth: «Supervision in psychosozialen Feldern».
Ein praxisorientierter Supervisionsansatz.
Clinical Supervision – A Systems Approach.
Junfermann Verlag, Paderborn 1998

Käufer, Katrin/Scharmer, Claus Otto/Versteegen, Ursula:
«Das Praxispentagon des Organisationalen Lernens».
Profile 3. 2002, Seite 29-41, Verlag EHP, Bergisch Gladbach

Knowels, Malcom S.: «Lebenslanges Lernen».
Andragogik und Erwachsenenbildung.
Elsevier GmbH, München 2007

Lenzen, Andreas: «Erfolgsfaktor Schlüsselqualifikationen».
Mitarbeiter optimal fördern.
I.H. Sauer-Verlag GmbH, Heidelberg 1998

Möller, Heidi: «Selbstkonfrontationsinterviews bei Experten der Supervision».
In: Praxisnahe Supervisionsforschung: Felder – Designs – Ergebnisse.
Berker, Peter/Buer, Ferdinand (Hrsg.)
Votum Verlag GmbH, Münster 1998

Pühl, Harald (Hrsg.): «Handbuch der Supervision».
Wissenschaftsverlag Volker GmbH, Spiess 2000

Rappe-Giesecke, Kornelia: «Theorie und Praxis der Gruppen- und Teamsupervision».
Springer Verlag, Berlin Heidelberg 1990

Schneider, D. Klaus Müller, Andreas: «Evaluation von Supervision».
In: Supervision – Zeitschrift für berufsbezogene Beratung.
27, 1995, Seite 86-98

Schneider, D. Klaus/ Müller, Andreas:
«Das Supervisions-Evaluations-Inventar (SEI)».
In: Praxisnahe Supervisionsforschung: Felder – Designs – Ergebnisse.
Berker, Peter/Buer, Ferdinand (Hrsg.)
Votum Verlag GmbH, Münster 1998

Schneider, Johann: «Supervision. Supervidieren & beraten lernen».
Junfermann Verlag, Paderborn 2001

Simmen, René/Buss, Gabriele/Hassler, Astrid/Immoos, Stephan:
«Systemorientierte Sozialpädagogik».
Haupt Verlag, Bern 2008, 2. Aufl.

Simmen, René/Buss, Gabriele/Hassler, Astrid/Maibach, Daniel (Hrsg.):
«Systemorientierte Sozialpädagogik in der Praxis».
Haupt Verlag, Bern 2009

Spitzer, Manfred: «Lernen. Gehirnforschung und die Schule des Lebens».
Spektrum Akademischer Verlag, München 2007

Stimmer, Franz: «Lexikon der Sozialpädagogik und der Sozialarbeit».
R. Oldenbourg Verlag, München Wien 2000

Van Kessel, Louis: «Theorie und Praxeologie des Lernens in der Supervision».
In: Praxisnahe Supervisionsforschung:
Felder – Designs – Ergebnisse.
Berker, Peter/Buer, Ferdinand (Hrsg.)
Votum Verlag, Münster 1998

Wagner, W. Karl (Hrsg.): «PQM – Prozessorientiertes Qualitätsmanagement».
Leitfaden zur Umsetzung der ISO 9001:2000.
Carl Hanser Verlag, München Wien 2001

Wiese, Barbara: «Zu meinem Verständnis von Lehrsupervision».
In: Positionen, DGSv-aktuell 4.98

Abbildungsverzeichnis

Tabellenverzeichnis

Überblick LE-A-S Modell®

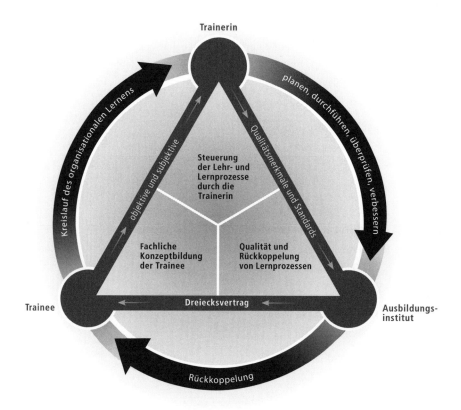

Kontext der Ausbildung, Rechtsgrundlagen

⌐LE-A-S mODELL®————·

Steuerung der Lehr- und Lernprozesse durch die Trainerin
Wirkfaktoren | Bearbeitungstiefe | Arbeitsbeziehung
Handlungsorientiertes Lernen | fallbezogene Konzeptbildung
Handlungsmuster verändern | Ergebnisüberprüfung

Fachliche Konzeptbildung der Trainee
Kontext | Auftrag | Haltung | Theorie | Intervention

Qualität und Rückkoppelung von Lernprozessen
Qualitätsmanagement | Konzept der Lehr- und Ausbildungssupervision
Rückkoppelungsprozesse | Prüfung und Bewertung

Der Dreiecksvertrag
objektive und subjektive Qualitätsmerkmale und Standards

Kreislauf des organisationalen Lernens
planen, durchführen, überprüfen, verbessern | Rückkoppelung

René Simmen / Gabriele Buss /
Astrid Hassler / Stephan Immoos

Systemorientierte Sozialpädagogik

Uni-Taschenbücher (UTB) – mittlere Reihe. Band 2996
3., korrigierte Auflage 2010
247 Seiten, 24 Abbildungen, kartoniert
CHF 30.90 (UVP) / € 19.90
ISBN 978-3-8252-2996-2

Die vier AutorInnen legen eine Einführung in das systemorientierte Arbeiten vor, die aus langjähriger Erfahrung im sozialpädagogischen Alltag und im Unterricht gewachsen ist. Dargestellt wird ein systemorientiertes Handlungskonzept, das zwar den Umgang mit den KlientInnen und ihren Angehörigen in den Mittelpunkt stellt, aber die mitbeteiligten Hilfssysteme aus dem stationären und ambulanten Umfeld gleichwertig mit einbezieht. Eine systemorientierte Sicht- und Arbeitsweise macht sozialpädagogische Interventionen wirksamer und nachhaltiger – vor allem, wenn sie auch die beteiligten professionellen Helfer in ihre vernetzte Sicht einbezieht. Die systemorientierte Arbeitsweise stellt deshalb auch eine sinnvolle Ergänzung und Erweiterung zur herkömmlichen Sozialpädagogik dar.

⁞ Haupt   **Haupt Verlag** Bern • Stuttgart • Wien
verlag@haupt.ch • www.haupt.ch

René Simmen / Gabriele Buss /
Astrid Hassler / Daniel Maibach (Hrsg.)

Systemorientierte Sozialpädagogik in der Praxis

2009. 228 Seiten, 29 Abb., kartoniert
CHF 49.– (UVP) / € 29.90
ISBN 978-3-258-07500-6

Die Systemorientierte Arbeitsweise hat sich in den letzten Jahren in vielen Praxisfeldern der Sozial-, Heil- und Sonderpädagogik sowie in der Sozialen Arbeit etabliert. *Systemorientierte Sozialpädagogik in der Praxis* bemüht sich, Studierenden, DozentInnen und Fachleuten einen konkreten Einblick in die Arbeitsweise und die Eigenheiten der jeweiligen Anwendungsfelder zu geben und damit den Bezug der Systemorientierten Arbeitsweise zur Praxis zu verdeutlichen. In einem einführenden Kapitel werden zunächst in dichter Form die Kernelemente der Systemorientierten Arbeit vorgestellt, während in den Folgekapiteln die praktische Umsetzung derselben in so unterschiedlichen Feldern wie der Familienbegleitung, der Schulsozialarbeit, der heilpädagogischen Früherziehung, der Krisenintervention sowie im Umgang mit Menschen mit multiplen Behinderungsformen ausführlich thematisiert wird.

⋮ Haupt **Haupt Verlag** Bern · Stuttgart · Wien
verlag@haupt.ch · www.haupt.ch

Martin Lehner

Allgemeine Didaktik

UTB-Basics. Band 3245
2009. 206 Seiten, 30 Abb., 14. Tab., kartoniert
CHF 27.90 (UVP) / € 17.90
ISBN 978-3-8252-3245-0

Das Buch bietet eine verständlich geschriebene Einführung in die allgemeine Didaktik und richtet sich an alle, die sich professionell mit dem Lehren und Lernen beschäftigen: Lehramtsstudierende sowie Lehrende aus Schule, Hochschule und Erwachsenenbildung. Der umfangreiche Stoff ist übersichtlich aufbereitet und hilft (zukünftigen) Lehrenden, eigene Ideen zum Lehren und Lernen einzuordnen und weiterzuentwickeln. Didaktische Theorien und Modelle, Bildung, Lernen und Professionalisierung bilden die Grundlage der Allgemeinen Didaktik. Über Ziele und Inhalte, Methoden und Lernerfolg sowie Planung, Reflexion und Evaluation wird die Verbindung zur didaktischen Praxis hergestellt.

: Haupt **Haupt Verlag** Bern · Stuttgart · Wien
verlag@haupt.ch · www.haupt.ch

Annelies Kreis

Produktive Unterrichtsbesprechungen

Lernen im Dialog zwischen Mentoren und angehenden Lehrpersonen

Schulpädagogik – Fachdidaktik – Lehrerbildung.
Band 17
2011. ca. 300 Seiten, kartoniert
CHF 49.– (UVP) / € 37.90
ISBN 978-3-258-07640-9

In der Ausbildung von Lehrpersonen sind Praktika ein bedeutsamer Ort des Lernens. Eine zentrale Funktion kommt dabei Unterrichtsbesprechungen zu. Das Verhältnis zwischen unterschiedlichen Realisierungsformen von Unterrichtsbesprechungen und deren Lernertrag für zukünftige Lehrpersonen wurde bisher allerdings kaum untersucht.
Die vorliegende Studie gibt einen Überblick über den aktuellen Forschungsstand zu Praktika und Unterrichtsbesprechungen als Lernort. Es wird ausserdem die Frage untersucht, inwiefern sich Besprechungen mit hohem berichtetem Lernertrag hinsichtlich gesprächsanalytischer Merkmale von jenen mit geringem Lernertrag unterscheiden. Ergebnis der Analyse ist ein Inventar von Gesprächshandlungen, die spezifisch in Unterrichtsbesprechungen angewendet werden. Besprechungen mit hohem Lernertrag unterscheiden sich von jenen mit geringem Lernertrag dadurch, dass sie eine dialogische Folgestruktur mit dichterer Interaktionsfrequenz aufweisen und häufiger eine dialogische Elaboration der Unterrichtsplanung oder Reflexion der Unterrichtsdurchführung stattfindet. Vorbesprechungen sind dabei produktiver als Nachbesprechungen. Die Ergebnisse zeigen Tendenzen hinsichtlich der Frage auf, wie Unterrichtsbesprechungen realisiert werden können, die für das Lernen von Praktikantinnen und Praktikanten fruchtbar sind. Zusammen mit den theoretischen und methodischen Ausführungen der Arbeit legen sie eine Basis für die Überprüfung in weiterführenden Studien.

⁝ Haupt   **Haupt Verlag** Bern · Stuttgart · Wien
verlag@haupt.ch · www.haupt.ch